残酷な人間関係のルール

コスメティック田中

KADOKAWA

CONTENTS

第2章

人間関係の気付きを得た私の体験

第3章

人間関係の解決策〈マインド編〉

第4章
人間関係の解決策〈テクニック編〉

終章
人間関係の未来

序章

人間関係の本質に迫る

私は、これまで人間関係の「当たり前」に強烈な違和感を抱き続けてきました。

なぜ人は挨拶をするのか、なぜ意味のない雑談で時間を潰し、なぜ自分で調べて判断すればいいことをわざわざ他人に相談するのか。こうした行動は、普通の人にとって自然なコミュニケーションの一部なのかもしれませんが、私にはその「自然」が理解できませんでした。

理由のひとつに、私にはＡＳＤ（自閉スペクトラム症）という発達障害の傾向があり、他者との関わり方がつかみにくいことが挙げられます。人が特に意味を考えることなく行っているような行為に、どういう理由や根拠があるのか常に考えてしまい、多くの人が当たり前に共有している暗黙のルールのようなものが分からないのです。

用件もないのに電話をして、ただ「喋りたい」などという人がいたとして、そうした行動原理があまり理解できなかったのです。

私は心理学や社会学などの「人間関係の専門家」ではなく、決して先生のような立場から本書を書きたいわけではありません。むしろ、人間関係には苦手意識が強く、学生時代から周囲になじめず、失敗を重ねてきました。私はそうした意識や日々の考えを発信することが仕事にもなっている、いわゆる「インフルエンサー」です。自身の経験や考えを言語化し、世の中にアウトプットすることで、想像していた以上に多くの人から賛同や納得の声をいただけることがありました。

そのため、私が気付いた人間関係に関する視点を書籍化することに、意外と価値があるのではないかと思って本書の執筆を始めました。

専門家の立場で書く書籍では、自分の失敗談などをなかなかリアルに語りづらいでしょう。当事者だからこそ言える内容にもふれており、すべてを実体験ベースで構成している点が本書の強みだと思っています。

私自身、インフルエンサーといった肩書きは俗っぽくてあまり好きではありません。「世の中の流れを捉え、そこに求められる表現をアウトプットし、共感を得る」という一連の活動は、「ジャーナリスト」に近いようなところがあると思っています。

そうした立場から、特定の理論や方法論を説明するというよりは、人間関係に悩む当事者の視点を通じて得た、目に見えない抽象的な「人間関係のルール」の本質に迫ることを試みています。

こうした人間関係のルールは、学校で習うこともなく、意外と言語化されていないものです。どちらかといえば、人が自然と身につけてしまうものであり、人々はその見えないルールに沿って「デリカシーがない」「空気が読めない」のような抽象的なイメージを共有し合っています。

雰囲気で共有される人間関係のルールは私にとって、時代と共に意味が薄れながらも盲信される宗教や、本来の背景が失われ儀式と化した社内ルールのように不可解なものに感じられました。同様の違和感を抱いている人というのは一定数いて、その背景や理由をしっかり説明されることで、初めて納得できて、満足するという人も多くいるのではないでしょうか。
その中で、不都合な現実や、多くの人があえて言葉にしないでいるようなタブーにもふれています。読んでいて必ずしも心地よいものではないかもしれませんが、そのような人間関係の前提を理解しておくことで、初めて正確に現実を捉えることができ、地に足のついた思考が可能になると私は考えています。

本書の内容には、私の主観や偏見も大いに含まれるため、必ずしも客観的に正しい答えを書いていると断言はできませんが、そうした視点を紹介することで、何かしら新しい視点で人間関係を捉え直すことに貢献できたらうれしいです。

「あなたが発見した『真実』なんて興味ないよ」という方は、人間関係の悩みに対する向き合い方やテクニックについて3・4章で紹介しているので、そちらからでも読んでいただけたら幸いです。

第1章

人間関係の残酷な真実

私がこれまでの人生を通して得た、
人間関係における法則を体系化しました。
一見不都合に見える事実も、
認識をすることで地に足のついた思考が
できるようになると考えています。

Fact 1

「平等」は幻想である

あなたは、人間がみんな平等だと思っていますか？　日本の学校教育では「平等」や「みんな仲良く」という精神が刷り込まれる節があります。かの福沢諭吉も書籍『学問のすゝめ』の中で、「天は人の上に人を造らず人の下に人を造らず」と記しており、それが論拠のように語られています。

しかし、実際には私たちが生きている現代は、資本主義の原理で動いている競争社会です。『学問のすゝめ』にしても、そのあとはこのように続いています。

「されども今広くこの人間世界を見渡すに、かしこき人あり、おろかなる人あり、貧しきもあり、富めるもあり、貴人もあり、下人もありて、その有様雲と泥との相違あるに似たるは何ぞや」

つまり、実際の主張は単にきれいごとを言っているものではなく、現実には人と人との間に大きな格差があるということです。彼はこれについて、学問をするかどうかで大きな差が出る、と続けて『学問のすゝめ』の書き出しとしたのです。

学校教育では実感する機会はあまりないかもしれませんが、社会に出れば、明らかに強者と弱者が分かれ、人間には階級が存在していることを実感させられます。なぜなら今の世の中の資本主義のシステムでは、そこに格差が生まれることは避けられないものだからです。

では、なぜそれを社会に出るまであまり実感しないのでしょうか。それは、格差を認めない、見せないようにする教育や文化が日本にあるからではないかと私は考えています。日本には、社会主義的だとも評されるほど、表面的に平等を重視する文化が根づいているのです。

たとえば、小学校で「シャーペンを使ってはいけない」という謎の指導を受けたことがある方は多いのではないでしょうか。表向きは「最初は筆圧に慣れたほうがいい」などといった理由で鉛筆を使うように言われるとされていますが、裏には高価な文房具を持てる子どもとそうでない子どもの格差を露呈させないという配慮があるのではないかともいわれています。学校に制服という制度があることも、親の経済力の差を外見上は見えないようにする工夫だとする意見があります。つまり、こうした仕掛けにより私たちの平等性は演出されてきたのです。

なぜ、そのように現実を見せないような工夫をされているのかといえば、そのほうが強者にとってなにかと都合がいいからではないでしょうか。陰謀チックな話になりますが、しばしば「上級国民」などとも揶揄される「強者側の人々」は、世の中のルールを作れる側の人間です。そうした格差は不透明であったほうが、弱者からの反感を買うこともなく都合がいいのです。力のある大企業の社員が何か事件を起こしたとき、テレビのスポンサーとしての側面をもつため、実名報道が控えられるといったこともあると聞きます、株や不動産売買の税制なども、どちらかといえば強者側に有利に作られています。すなわち、世

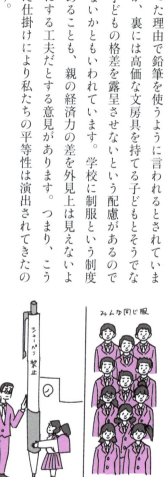

の中を牛耳る側に有利なように、世の中は作られているのです。

人間関係についての書籍で最初に格差の話題を取り上げた理由は、私たちが抱える人間関係の悩みの多くが、実は社会的な格差や階級、経済状況に関係していると考えているからです。

つまり、資本力、学歴、文化的背景といった自分ではどうしようもない要素が、誰とどれだけ繋がりやすいか、またどんな悩みを抱えるかを左右しているのです。

「みんな仲良く平等」といった固定観念にとらわれていると、あなたが集団に溶け込めなかったとき、それは実際には所属している階級や、生まれ持った背景が異なっていたことが原因かもしれないのに、あたかも、そこに溶け込めていない自分に問題があるように思えてしまうのです。

インド人の集団の中に日本人の自分がポツンといたら、すぐには溶け込めなさそうだというのは想像しやすいのですが、格差となると、互いの異質性に気付きにくくなってしまうのです。

Fact 2

「弱者ポジション」は最初から詰んでいる

人間関係に悩むのは基本的には弱者だと思います。本書を手に取った方は、少なからず人間関係に悩みを抱えていらっしゃるのでしょう。そんな方をいきなり「弱者」だなんて失礼にも程があるのですが、ここで私が述べたいのは、ポジショニングによって人間関係の難度は変わるということです。

私が新卒で入った会社の話をします。そこは、それほど大きな会社ではなかったので、社長と密に接するようなことも多々ありました。そうした中で実感したのが、社長を含む「偉い人」が何か言ったときと、新人の私が何かを言ったときとでは、まわりの人の反応が大きく違っているということでした。

たとえ同じようなことを同じようなロジックで言ったとしても、私の意見は常に軽視されているような感覚があり、「偉い人」の意見は大切なものとして扱われ、まわりの人も素直に従うような力学があるように感じました。今となっては、そうした力学はある意味、組織として当たり前のことと思いますが、当時としては自分の意見が根拠なく誰かと平等に扱われないことに困惑したのです。

つまり人間関係は、性格や能力よりも「その人が集団の中でどの立場にいるか」によって大きく影響されるということです。低いポジションで集団に入ってしまえば、そこで快適に過ごすのはそもそも難しくなるのです。

当時の会社の人たちも、「新人の意見は軽視しよう」といった意図をもってそうしていたというより、無意識に偉い立場の人の意見を重要視していたということなのではないかと思います。

会社組織だけでなく、ネットのインフルエンサーにしたってそうです。私は、YouTube のチャンネル登録者数が数千人の頃は、「調子にのっている」「会計士の勉強をやめて YouTuber 始めるなんて惨めだ」などと、心底馬鹿にするようなことをよく言われていました。しかし、登録者が増えるにつれ、言動が同じでも「かっこいい」「なんでもできるんですね！」

などと、見ている人の捉え方が好意的なものに変わっていくのを実感しました。

こうした経験から分かったのは、人は相手を立場で捉えてしまうということです。私たちはどうしても、相手が本当の意味でどういう人間かは一旦置いておいて、役職や見た目、肩書き、家柄、フォロワー数、資産額など、そういったゲームのステータス画面のような指標で判断してしまうのです。

この立場は、タイミングによっても変化するものです。たとえば、あなたが新しく会社に入って新入社員歓迎会に参加するような場合には、ある意味、その場での主役になれるわけです。その場での関心はあなたに集まり、会話に溶け込めないなどのリスクは減るでしょう。しかし、組織の中で常に主役でいられるわけではないのが新入社員という立場です。組織内で普段から主役に近い立場にいるのは、どちらかといえば社長、部長などの役職をもっている人でしょう。

役職というものは、学校のサークルやアルバイトなど、さまざまな人間関係で「立場が上の人」を発生させますが、これは多くの場合、年齢や経験年数、在籍期間などから与えられた役割にすぎないものです。その役職をもっている人が人間として本質的に「偉い」わけではありません。

ただ、こうした役割をもつことで、まわりの人からもそれらしい評価を受け、本人も知らないうちに人間関係の恩恵を受けるのです。

そして、立場によって判断される力学の中で、下だと判断されると、悩むことは増え、人間関係の難度は上がります。

ポジションについてもっと分かりやすい言葉にすると「人に舐められたら終わり」だということです。舐められていると、何か問題があって怒られるわけではなく、ストレスのはけ口として好き勝手に言われるようなことも増えるでしょう。

人に舐められるかどうかの基準は、属している集団によって変わります。地方の公立中学校などでは、ヤンキーっぽい子のほうが「なぜか教室で強そうな雰囲気」があり、学校の中で主役になりやすい傾向があります。どちらかといえば育ちがいい「真面目君」だった人は舐められやすく、人間関係に苦手意識を抱いていた方も多いのではないでしょうか。

一方で、学術的な場や文化的な場では知性や礼儀といったものが重視され、そうした集団では、逆にヤンキーのほうが居心地が悪くなるでしょう。

ネットでは「陽キャ＝人付き合いが得意」というような一方的な前提で語られることが多いのですが、それはどちらかといえば学生時代のクラス内の価値観に近いもので、実際には人間関係のかみ合わせは自分が属する集団により、ケースバイケースだということです。

自分がまわりに溶け込めないと感じた場合、自分のコミュニケーション力や人間関係のスキルが不足していると自己嫌悪に陥ってしまうかもしれません。そんなときは、集団の中で自分が舐められやすいポジションにいないかという視点で、客観的に少し距離を置いた考え方ができると良いのではないかと思います。

Fact 3

異なる階級間でのコミュニケーションは成立しない

「IQが20違うと会話が成立しない」といった俗説があります。これは厳密なデータなどで立証された事実ではありませんが、会話がかみ合わないという状況の多くは、生まれ育った環境によって興味関心や価値観がズレることで生まれると思います。

たとえば、パチンコや車、女といった話ばかりで盛り上がる集団の中に、勉強や経済ニュースの話題に興味がある人が入っても、関心事が合わずに人間関係としては上手くいかないでしょう。

属している集団によっては「鳴き声」程度の会話しかしていない場合もあります。私は飲食店などでまわりの人の会話に聞き耳を立ててみることがあるのですが、そこで交

わされている会話は、それぞれが言いたいことを言っては「ヤバい」「ウケる」などの簡単な反応を返し合っているだけということがあります。話題が次々と移り変わっていくため、最終的に何を伝えたいのか、また何が共有されているのかがよく分からないまま会話が終わるケースも少なくありません。これは、もはや会話というより、動物同士が鳴き声で関係性を確認し合っているのに近いのではないでしょうか。

また、ネット上にいる私のような人間も同じです。「〇〇で草、〇〇ニキ、〜やろ、悲報、〇〇界隈」とか、いつも似たような単語を並べて、実際のところ何が楽しいのかも分からないことでニチャニチャと盛り上がっているのです。

もしこういった集団の中で「周囲との会話が苦手だ」などと真面目に悩んでいる方がいれば、それは少し見当違いかもしれません。このような集団では、言葉できちんと情報を共有すること自体が目的ではなく「同調し合う」ことに重きが置かれているからです。

私は過去に、社会的地位が高い経営者の方と関わる機会がありましたが、どこかランクが違うというか、なんとなく根本的な部分で話が合わないな、と思った経験があります。それはおそらく育ちや環境、さらには彼らが歩んできたキャリアで積み重ねてきた価値観が、私よりも「高み」にいたからではないかと思います。

これは、集団になじめない人が一概に「劣っている」というのではなく、互いが異質であるがゆえに起きる摩擦です。コミュ力を磨くことで、ある程度そのギャップを埋められる場合もあるとは思いますが、自分とまわりの人との間に階級や育ちの差があることで、私たちは「周囲の人間と関わりづらい」と感じているかもしれないということです。

私の経験を振り返っても、これまで私が人間関係に苦労したのは、いつも自分とまわりの意識やゴールが少しズレているときでした。目指している場所や今いる立場が異なる人同士は、根本的な部分で価値観や興味関心が異なるのです。

他の例としては、都会と地方の価値観の差が挙げられるのではないでしょうか。都会のほうが進んでいて、すべてが「上」だというわけではないのですが、一般的には都会のほうが多方面で選択肢が多く、価値観が柔軟であることが多いかと思います。現代のＳＮＳでは都会的な価値観が暗黙のうちにスタンダードとされていて、都会の環境にどっぷり浸かりながら育った人たちと、田舎にずっといて、そこで就職するような人たちとでは、考え方にしても生き方にしても、どこか根本的に合わない部分はあるように思います。

日本ではかつて「一億総中流」という言葉が盛んに使われたように、みなが平等に豊かであり平均的な教育水準も高いため、階級というものを実感する機会はほとんどありません。一方で、より階級がはっきりとしているような海外の国では、階級が異なる人同士は関わりをもたないような意識が強いのです。

インドのカーストなどは学校で習うため、イメージがつきやすいと思います。他にもイギリスなども階級社会といえるでしょう。王室をはじめとする上流階級、弁護士や医者、学者、官僚が属するアッパーミドル、経営者などが含まれる中産階級、その下に労働者階級が存在します。

私もこの2国を訪れたことがあるのですが、それぞれの階級の間には人種や容姿、言語のアクセントや識字率に明らかな違いがあります。イギリスでゴ

ミ収集などの仕事をしている方は移民でやせ細っていましたし、インドで乞食をしている人と人力車の車夫、列車に乗っている人とでは、それぞれ異なる雰囲気がありました。予備知識がなくても、パッと見の印象で「この人はこれくらいの階級だな……」というのが伝わってきてしまうのです。

見た目や喋り方から階級が読み取れてしまうため、そうした国では異なる階級間の関わりは限定されています。なぜかといえば、異なる階級間での関わりは、人間同士のトラブルを生みやすいからです。盗みやぼったくりのような行為は、弱者の階級によって行われることが多いのが現実です。

海外旅行をする際に、「物乞いに施しをしてはいけない」などという情報を見たことがある方も多いと思います。そのような人が無数にいるので、すべてに応じているときりがなくなってしまうのです。

このように階級間で割り切った距離感を保つことは、冷たいようにも思えますが、無用なトラブルを避けるために有用なのです。弱者の方も、やりたくて強盗やぼったくりをするのではないでしょうから、そうした悪事を働く機会を生じさせないのが互いにとって一番ではないかという考え方です。

日本のような「平等」の価値観には良い面もたくさんあるものの、その人が本来所属すべき、心地よい階級的人間関係を見えづらくしている側面もあるのではないでしょうか。そのため、ある程度は、こうした階級意識をもっていてもいいのではないかと思います。日本では、識字率が高く、どのような立場の人ともある程度の意思疎通が可能です。ゆえに、摩擦が生じている場面を目にすることがあります。冒頭で述べたような学校の例もそうですが、ＳＮＳでの、本来交わることのなかったはずの階級同士でのやりとりが顕著です。

言っていることが事実に基づいていない人や、明らかに論理的ではない人、感情的に何かを批判したいという意図しかない相手に、本来はまったく気にも留めなくていいくらい「レベルの高い」人が病んでしまうことがあります。

常に何かに怒りをぶつけていたい人がいるようで、それは本来関わるはずのなかった階級の人同士が関わってしまったために起こる摩擦のようなものです。気に病むようなことではないのではないかと思ってしまいます。

Fact 4

勝者たちは連鎖する

同じ階級に属している人同士では、価値観や興味関心を共有しやすいものです。そこで豊かな人は、似たような価値観の豊かな人同士で集まって、ストレスのない生活を送っています。

つまり、階級社会の勝者は自分の属する環境を選ぶ力があり、自らの人間関係に関する人事権も掌握しているのです。会社を作って社長と従業員というポジションを形成すれば、普通の人間同士では無理があるコミュニケーションも多少は許されます。弱者側とはまったく違ったゲームをプレイしているような状態になるでしょう。

公立中学校で「真面目君」の居心地が悪くなってしまう話にしても、経済的な力があれば、都心の高級タワーマンションに住み、私立の中高一貫校を選ぶことで、比較的快適な人間関係を築きやすい環境で育つことができるでしょう。公立の小中学校で育った親が「自分の子どもには、あんな環境のところには行かせたくないから」といった理由で私立に進学させようとするといったことは、よく聞く話です。

そして、幼い頃から恵まれた家庭や環境で育った人は、人間関係にも有利な成功体験を積み重ねやすいです。プロ野球選手やプロサッカー選手には、4～6月生まれが圧倒的に多いといった調査があります。子どもにとって1年の違いは体や脳の成長にかなりの差を生みます。そうした状態で、誕生日が早い子どもほど成功体験を積みやすく、結果的にチャンスが多く与えられ、さらに上手くなっていくというサイクルができ上がるのです。

人間関係にもこれと同じことが言えます。学生のうちに人間関係に苦手意識をもたなかった人は、人と関わることに躊躇せず、どんどん人と交流して人間的な魅力を高めていくでしょう。一方で、私のように早い段階で人間関係につまずいてしまった人は、苦手意識をもってしまい、その後も人間関係を避けるようになるのです。人とのコミュニケーションの総量で言えば、私は20代後半となった今でも一般的な高校生にすら負けているのではないかと思っています。

すなわち「まわりの人と価値観が合わない」といった悩みは、一見シンプルな問題ではありますが、その根本的な原因を深く掘り下げると、家庭環境や経済的格差、文化的格差など、自分自身の努力だけではすぐに乗り越えられない根深い問題に突き当たるのです。

私立に通っているボンボンなどをイメージすると、なんとなく偉そうでいけ好かないイメージがあるかもしれません。しかし、私がこれまでエンジニアの業務などで関わってきた有名私立大学のインターン生などは、総じて品があって、人としてもちゃんとしていると感じる人ばかりです。なんとなくきれいな心をしている人が多いような印象があります。

経済的な余裕があることが、親のしつけや人としての余裕になり、人間的な魅力にも繋がっているということでしょう。持たざるものにとっては、残酷な現実です。

ある上場企業のオーナーの書籍に次のようなことが書いてありました。

その方が住んでいるタワーマンションの下層階は、標準または比較的高給取りのサラリーマン家庭、上層階は家賃が高く会社のオーナーなどが多いそうなのですが、上層階に住んでいる人ほど率先して自分から挨拶をしてくれるのだそうです。

そうした文化は子どもにも影響し、高層階の住民の子どもたちも、自分から率先して挨拶をしてくれるとのことでした。つまり、他者からの好感度が高まり味方を作りやすい生活を、普段から自然と送っているということです。

彼らは幼い頃から洗練された文化に触れて育っています。経済的な豊かさは、物質的な余裕だけでなく、精神的な豊かさにも繋がっていると言えるでしょう。

そして、職場についても残酷な格差が存在します。私もこれまでに複数の会社に関わってきましたが、実は高給がもらえるような仕事ほど、人間関係がホワイトで、教育体制が充実しています。福利厚生も整っていて、裁量や自由度が大きく、やりがいのある仕事をしているような傾向を感じています。決して、「給料が安いほどラクな仕事」「給料が高いほどつらい仕事」という図式は当てはまらないのです。

優秀な人材が集まる職場ほど、合理的なシステムや働きやすい制度が整い、結果として人間関係が良くなり仕事のパフォーマンスも高まる好循環が生まれるのです。

一方で、レベルの低い環境では、ネチネチと小言を言われたり、いじめられたり、ムダにマウントを取ってくる人がいたり、雑務が多いといったことが往々にしてあります。メンタルが弱いと思っている人も、付き合っている人や身を置く環境が悪いだけの可能性があるのです。

昔から「金持ちケンカせず」という言葉がありますが、ある程度のゆとりがなければ人に優しく接するのは難しいです。「こき使われる側」の環境では、相手への思いやりや品位が生まれにくく、より厳しい環境へ繋がる悪循環に陥ってしまうのではないでしょうか。

そうした環境に特徴的なのが、「常に何かに怒っている人がいること」です。指摘をするにしても、いちいち余計なひと言がついていたり、理性よりも衝動が上回っていて、まわりに感情をぶつけたりしてしまうような人です。そうした人はまわりを疲弊させ、環境のパフォーマンスをさらに下げてしまいます。残念ですが、ホワイトな環境に行けなかった人ほど、自己コントロールが上手くできず怒りを表に出してしまうのかもしれません。

人間関係が悪い環境に置かれた人間は幸福度が極端に低いといった研究結果や、離職する理由1位は能力に関することではなく、人間関係に起因するものであるといった調査結果もあります。こうした人がいる環境では、やるべき仕事も上手く進まなくなり、さらにそれをネチネチと責められるようなプレッシャーで人はメンタルを崩すのです。

もし劣悪な環境に自分がいる場合は、その環境にいるしかない自分に怒り、虎視眈々とより良い場所を目指すしかないです。そのように、現実的な範囲で着実に階級を上げていきましょう。

Fact
5
「人間関係に悩んでいる」は勘違い

これまで格差について書いてきましたが、ここからは人間関係の捉え方に関して言及していきます。「人間関係に悩んでいる」と感じるとき、それは本当に人間関係そのものの問題なのでしょうか。実際にはその悩みは、自分自身の捉え方や考え方の癖によって生まれている悩みであることが多々あるのではないかと思います。

つまり、自分自身の思考の癖や考え方、一方的な思い込みが問題を引き起こしている原因なことが多いのです。にもかかわらず、「人間関係」が原因だと思い込み、無駄に悩んで負の連鎖に陥っているケースが多くあると感じています。

では、問題を引き起こす思考の癖や考え方としてどういったものがあるのかというと、主に次のようなことが言えるではないかと私は考えています。

・弱者である自分の階級に悩んでいる
・人間関係という概念がコンプレックスになっている
・人間関係さえ良くなれば、人生が好転するという幻想を抱いている
・嫌われるのを過度に恐れるなど、マインド面に問題がある
・他人の評価ばかり気にして、自分の軸を見失っている

いずれも、人間関係そのものに問題があるわけではないケースです。

階級については今まで述べてきたので省略するとして、「人間関係という概念がコンプレックスになっている」というのは、実際にはすでに悩むような状況にいないのに、人間関係に対する苦手意識だけ残っているような状態です。

学歴や身長にコンプレックスがあったとしても、ある年齢から気にする必要がなくなる

のと同じで、人間関係についてもすでに気にする必要がないのに、いつまでも根にもってしまう人がいるということです。

続いて「人間関係さえ良くなれば、人生が好転するという幻想を抱いている」についてては「現実の人間関係はつまらない」（P52）で詳しく記しています。人間関係というものをある意味で神聖化してしまっている状態です。

次の、「嫌われるのを過度に恐れるなど、マインド面に問題がある」については、第3章の「『嫌われたくない』の繊細思考から抜け出す」（P147）で解説しています。完璧主義すぎて、人間関係への捉え方に影響を及ぼしている状態です。

そして最後の「他人の評価ばかり気にして、自分の軸を見失っている」のケースです。「まわりの人にどう思われるんだろう」といった不安は、人間関係を気にしているようですが、その根底には「自分にとって本当に大切なものは何かという軸」の見失いがあるように思えます。

人間関係というのは、それ自体が目的なのではなく、趣味や仕事、目標といった自分が大切にする価値観を共有することから自然に生まれるものです。前項で述べたことですが、共通する興味や価値観があれば自然と人は繋がりやすくなります。

「自分にとって本当に大切なものは何かという軸」を見失うことは、そうした人間関係を形成する自分だけの価値観、趣味や仕事、目標といったものが、まだ確立されていないのではないかという話です。これらは、それ自体が人生を彩る大切な要素です。こうした自分なりの軸が見つからないまま日々を過ごしていると、他人から興味をもたれるかどうか以前に、自分自身が人生を退屈だと感じてしまう要因になってしまいます。

誰かに興味をもってもらえるような、「おもしろい人間」になれと言っているのではありません。むしろ、他者の評価に振り回されるのではなく、自分が本心から大事にしたいと思える生きがいや軸をもつことが大事なのだと思います。

そうした生きがいや軸をもつことで、結果として、誰かがあなたに興味をもつのではないでしょうか。誰に対してもおもしろい人間になろうと努力する必要はありません。どこかでたまたま人間同士の歯車が合った結果が、人間関係というものなのだと思います。

もちろん、そうした「人生の生きがい」や「自分なりの軸」は、一朝一夕に見つかるものではありません。普通は何年もかけて見つけていくことが多いものです。それまでは辛抱の時期で、その間は人間関係の悩みもすぐに解決はしないかもしれません。しかし、焦って「人間関係」という結果だけを追い求めると、かえって空虚さや苦痛を感じるだけの付き合いに陥ってしまう可能性があります。

最終的に大切なのは、「他人がどう思うか」よりも、「自分の本心に合った行動ができているかどうか」です。まわりを気にしてばかりいると、自分の人生そのものが自分のものではなくなってしまいかねません。

私たちの社会では、子どもの頃から「みんな仲良く」という教育を受け、社会に出るための就活では「コミュニケーション能力が高い人間こそが成功する」というイメージが根強くもたれています。しかし、私は、そういった能力は意外と特殊な能力であり、みんなが目指すべき姿ではないのではないかと思っています。

確かに、社会生活を送るうえである程度の協調性や伝達力は必要かもしれません。しかし、学校を卒業して社会に出れば、人間関係は多様化していき、すべての人と分かり合う必要などない場面が増えてくるのも事実です。

私はむしろ、全員と等しく関われるような人付き合いができる人には、どこか作られたような不気味さを感じてしまうこともあります。

本来、人との付き合いには多少の「相性」や「好みの違い」があるからこそ、多様な人間模様が生まれ、深みを生み出すのではないでしょうか。

Fact 6

価値あるものはすぐ手に入らない

資産運用では、複利によって指数関数的にお金が増えていくという話を聞いたことがあるでしょうか。地道に仕事をして資産額を増やしてもなかなか大きなリターンが得られないのですが、最初は小さな投資額でも1年、5年、10年といったスパンで地道に続けていると、雪だるま式に資産額の増加が加速していくといわれています。

これは、投資に限らず、ビジネスや知識、人間関係など、あらゆるものに共通する法則だといえます。最初は何事も目に見える成果が小さく、時間が経つにつれて徐々に成果が大きくなっていくのです。

人間関係はステータスによって相手からの見られ方が変わるものですし、誰かが誰かを紹介してくれると

複利を表す図

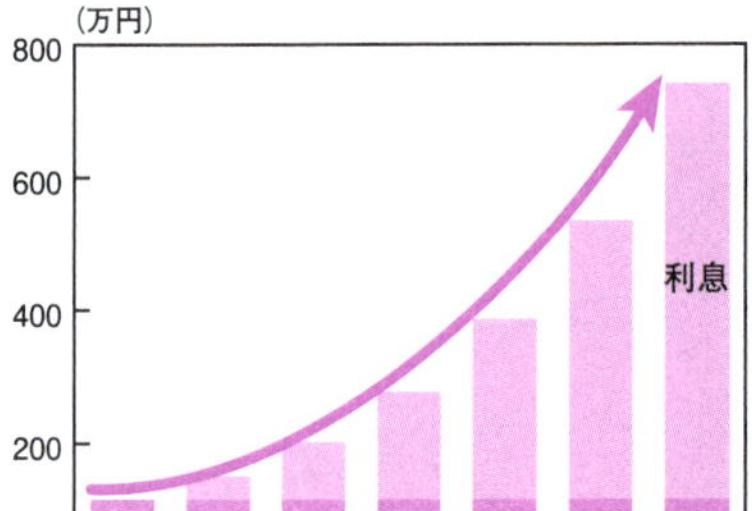

いう行動も、指数関数的な動きをするものです。少しずつ良い人間関係が築ければ、それは徐々に複利的に生かせるものとなっていきます。

また、人間関係は一度構築すれば、それで終わりではありません。人は誰かと知り合う際、無意識のうちに相手の背後に広がっている人間関係を評価していることが多いのです。今はまだ仲間や経験が少なくても、少しずつ新しい情報や協力者が集まれば、より仲間が集まりやすい状態を作っていくことができると言えます。

この成長曲線における、変化が小さい最初の期間は、多くの人にとって我慢のしどころです。20代の序盤などは特に無力で、結果が出ないと焦ってしまったり、手っ取り早い方法に走ってしまったりしがちです。しかし、この時期こそが大切な種まきの期間です。そうしたときに、この成長曲線をあらかじめ知っておくことで、挫折を味わいにくくなるのではないかと思います。

人それぞれの人生ですので、どのようにブレイクスルーが起こるか、いつ起こるのかは分かりません。しかし、逃げずに何かに取り組み続けることが、のちに大きな力になるのは疑いようのないことです。

私の場合の転機は、自身のYouTubeのチャンネル登録者数が伸びたことでした。初めの頃、動画の再生数は数百回程度で、登録者数も一日数名増えるかどうかでした。しかし、ある動画が注目され、コツをつかみはじめてから、登録者数は一気に伸びました。それまでとは桁違いの伸びになったのです。その後、知名度が上がったことによって、意外にも関係のないプライベートの仕事などにも好影響を及ぼしだしました。それにより自分の経験も積むことができ、指数関数的に自分の手数が増えていったような印象があります。まだ将来への不安などはありますが、20代前半の頃に感じていたような、本当にこれからどう生きていけばいいのかも分からなかった閉塞感とはまったく異なる状況です。

逆に、「早いうちから大きな効果を得られるもの」は避けたほうがいいのではないかと感じます。SNSでの「いいね集め」や「出会い厨」は、手軽に人と繋がることはできますが、その分関係性も薄いものになりがちです。また、若いうちに大きな金額を稼ぎやすい、ホストクラブやキャバクラといった夜職系の職業も、年齢と共に落ちていく自分の価値を商品にすることや、人に公然と言える経験が残らないこと、刺激に慣れてしまい元に戻りづらいという意味では、個人的にはリスクが高いと考えます。

目先の楽しいことやラクなことに流され、そこに人生の大半の時間を費やしてしまうと、あとになって「自分には何も残っていない」「もっと勉強しておけば良かった」と後悔するかもしれません。

すぐに手に入る快感や刺激は、あっという間に色あせるかもしれませんが、資産も人間関係も長い時間をかけて磨き上げたものは、生涯にわたってあなたを支える財産となってくれるはずです。

地道な生き方で結果がすぐに見えないと、人間は途中で投げ出したくなってしまいます。それでも、「今は種まきの時期なのだ」と理解していれば、たとえ痛みを伴っても継続ができるのではないかと思います。

Fact 7

「特別になりたい」は空虚なコンプレックス

若者に対してよく「無限の可能性がある」という言葉が使われます。しかし、可能性という言葉は、ある種のプレッシャーにもなり得ます。「何にでもなれる」と言われることは、裏を返せば「何かにならなければいけない」という言葉にも聞こえるからです。

私が個人的に「YouTube活動が上手くいって人生が好転した」などといった話をすると、「じゃあ自分もインフルエンサーになろう」と安直に考える人も出てくると思います。しかし、私はそうした安直な判断は、時に自分の価値観や判断を間違った方向に歪めてしまうものではないかと思います。

現代の日本は、将来への不安を感じやすい時代です。特に若い世代の間では、「普通にしているだけでは置いていかれる」という感覚が広まっているのではないでしょうか。日常的に見るSNSで注目されているのは、強い個性や尖った価値観をもつ人々です。「思想強め」「癖が強い人間」といった発信が注目されやすい構図ができ上がっています。そして、同世代の人たちがYouTubeやTikTokで活躍しているのを普段から見ていると、「成功者とはそういうものだ」というような刷り込みが起きるのも不思議ではありません。

何者かでありたいという欲求だけが先走って、ネットで過激な言動を見せれば、一発屋にはなれるのかもしれません。しかし、本質的に何を訴えたいのかということが曖昧なままでは、継続的にモチベーションを保つことは難しいのではないかと思います。主張したいことが特にあるわけでもないのに「インフルエンサーになりたい」なんて願望だけが一丁前にあるのは、コンプレックス丸出しの虚しい状態です。

しかし私自身、そうした強い個性をもつように見えるインフルエンサーと実際に会い、会話をしてみて、人間的に何かおもしろい部分があるのか、深みを感じるのかというと、実はそうでもないように感じるケースも多々あります。彼らは、ある意味で「界隈の当たり前」に染まってしまっていて、「普通のインフルエンサー」になっている場合が珍しくないのです。そうした人たちは「どうしたら多くの人に受け入れられるのか」を考えるのが上手な人たちです。つまり、大衆に自分をフィットさせ、他人の物差しで物事を測るのが上手いのです。

そして、「他人がどう思うか」を中心に考え、他人のリズムで動くインフルエンサーという仕事に、多くの人が病んでしまっています。表向きはどれだけ充実している生活を送っていても、いつまでも他人の基準に合わせていては、「自分は何をしているんだろう」と虚しさを感じてしまうのです。

特に内向的な人ほど、自分のペースを守り、心の余裕と集中力を維持することでこそ、本来の能力を最大限に発揮できると思います。インフルエンサーのような、人の期待に常にさらされる仕事は、本来、内向的な人と相性が良くないのではないかと思います。

また、若くして成功することにもリスクが存在します。たとえば、ハリウッドで活躍する子役の中には、若くして認められたことで自己中心的な態度で生きるようになってしまったり、金銭管理が上手くできずにドラッグ中毒になったりして、不幸になってしまう

人がいます。多くの人は、成功することにばかり目を向けがちですが、そのあとには、勢いを失っていくだけの時期というものがあります。特にTikTokerなどは瞬間的に有名になりやすいものの、数年以上も人気を維持している人というのはほんのひと握りです。
そこには、得たものを失う恐怖や、常にそのレベルを維持し続けなくてはいけない恐怖が存在します。たとえば、登録者数が1000人のときなら何も言われなかったような動画でも、数十万人の登録者がいる状態で公開すれば「今回はおもしろくなかった」とか「どうしてこの人にこんなに登録者がいるんだ？」といった批判的な目も向けられるようになるのです。

では、この「何者かにならなくてはいけない」というプレッシャーに対して、どう向き合えばいいのでしょうか。私はこれに対し、「普通であることの勇気」をもつべきではないかと思います。「特別である＝自分には価値がある」という考え方は、健全な思考とは言えないからです。仮に誰も自分のことを評価してくれなかったとしても、自分は満足したと思えることのほうがよほど重要です。

将来的に無能で何ももってない大人になっても、私たちが存在してはいけない理由なんてありません。私たちには、自分が楽しいと思うことを行って生きていく自由があります。
また、人間関係を俯瞰してみると、「特別だから人と仲良くなる」というケースは案外少ないのではないでしょうか。いくら経歴や技能が特別でも、肝心な相性が合わなかったり、相手に尊重できないようなところがあったりすれば、その関係はあくまで表面的なものになってしまうでしょう。

人間は性格、顔、運動能力、経歴、経済状況など、無数のパラメーターをもっているものので、そもそもすべてが平均的・標準的な数値に収まる「真の普通の人」というのは非常に稀です。多くの人が、何かしらの面で突出したり不足したりしていて、意識せずとも特別な人間として存在しているのです。

私のことを例に挙げると、私は、普通の昼職をしながら兼業的にインターネットでの活動をしています。「普通に大学を卒業し、普通の企業で普通に何年か仕事をしている」というのは、一般的な社会人にとって当たり前のことかもしれませんが、ネット上のインフルエンサーとなると途端にこれが希少となります。彼らは、なぜか専業で活動している人たちばかりだからです。私にこういう背景があるおかげで、なんとなく社会的なことを口に出しても違和感がなかったり、「ちゃんとした人」というイメージを生むことができていたりするように思います。つまり、一見普通なことでも「組み合わせ次第で特別なことになる」ということなのです。

ですから、自分が普通に見えるとしても、そこにはあなただけの感性や経験が含まれているわけです。即時的な答えを求めるのではなく、普通に生きて、自分の興味や価値観を自然に表現していくことが、自分に共感する人を少しずつ見つけていくことに繋がるのではないでしょうか。

そうした生き方で世の中の人みんなと仲良くなることができるわけではありませんが、偶然の中で自然体の人間関係を見つけていくことができると思います。「価値あるものはすぐ手に入らない」（P38）というのは、そういう意味合いもある言葉です。「自分は何者なのか」の答えをすぐに求めず、理想とする姿を目指しながら、辛抱の期間はとりあえず普通に生きていくことが大事なように思います。人生の土台がしっかりしていれば、自分の力で得た成功から転落する可能性は低くなります。

Fact 8

人間関係はノイズである

私は、学生時代に友達や恋人のような人間関係がほとんどなく、飲み会のようなソーシャルな場で誰かと時間を過ごすことは少なかったです。いつもひとりでパソコンで何か作業をしたり、勉強をしたりしていました。当時は、ソーシャルな場に参加している人たちがいわゆる「一般的な学生生活」を送っているように見えて、羨ましく感じたものです。一方で、自分はどうしてひとりでこんなことをしている惨めな立場なのだろう、などと思っていました。

時が経ち、現在の私は社会人になってそれなりに経験も重ねました。誰かと会って話をしたり、食事に誘われたりするような機会も多少は増えてきました。こうした中で私は、ひとりで存分に時間を使っていたあの頃を恋しく思うことがあるのです。他人に時間を割かれることなく、勉強をしたり動画編集をしたりするような時間をもてていたことは、本当に贅沢だったのだと感じます。

人との関係ができたことで得られる学びや、刺激というものも少なくはありません。しかし、それが増えすぎると、他人に自分のリソースを奪われる状態が続くことになります。気が付けば、自分のやりたいことを実行する余力や意欲が削られているように感じるときがあるのです。決して今関わっている方々に不満があるわけではないのですが、ふと「今のこの時間があれば、あれができたのになあ」などと思ってしまう瞬間があります。

人間関係も、とにかく増やせばいいというものではないのです。「友達100人できるかな」なんて歌もありますが、もし本当に100人もの人との関係を維持しようとすると、一人ひとりとの付き合いが浅くなり、自分の内面にじっくり向き合う時間も奪われてしまうでしょう。結果として、表面をなぞるだけの薄っぺらい人間関係になってしまうと思います。

すなわち、私の前著『正しい孤独マインド入門』（KADOKAWA）にも詳しく書いた内容ですが、「弱者だからこそもてる強み」というものも存在するということです。

人は「何をするか」ばかりに意識を向けてしまいがちですが、「何をしないか」を明確にすることも同じくらい重要です。中途半端な覚悟で人と関わって相手を失望させてしまうくらいであれば、自分にとっての優先順位を冷静に見極め、初めから関係をもたないほうが良いのではないかと思います。

Appleの創業者、スティーブ・ジョブズのお気に入りだったピカソの「雄牛」という絵があるそうです。Apple社内の講義で、その絵が教材として使われており、複雑な要素の中から極限まで物事をシンプルにし、コアの部分にたどりつく重要性が伝えられるそうです。そうした「シンプルさの美学」は、Appleの製品が作られる際にも共通している考え方だと思います。

人間関係にしても、なんでもかんでも取り込むのではなく、シンプルな状態に近づけていくことで、本当に重要なものにフォーカスできるという側面があると

「雄牛」ができるまでの
変遷イメージ図

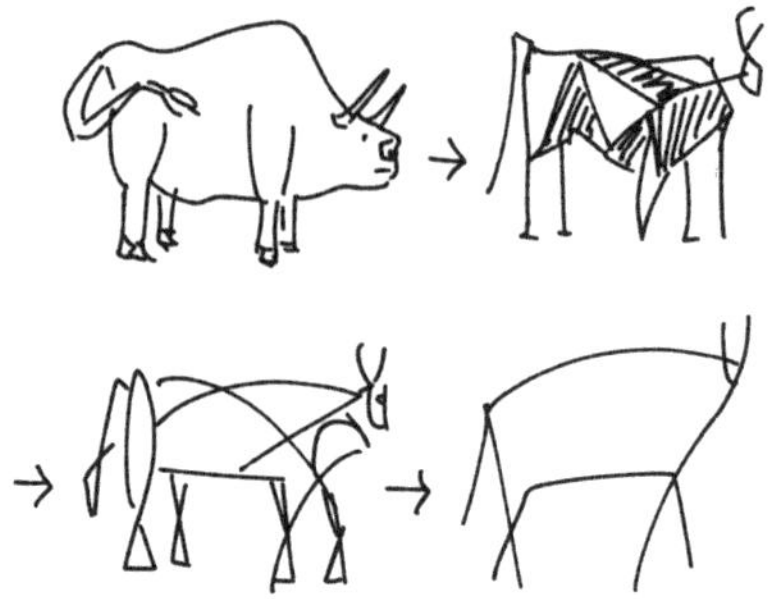

思います。たとえ関われる数は多くなくても、そうしたほうが自分のリソースを十分に確保して人と関わることができるのではないでしょうか。

人間関係はあって困るものではない、多いほど何かあったときに役立つという考え方もあると思います。しかし、誰かに助けてほしいことがあったとして、直接的な自分の知り合いに助けてもらう必要はありません。知り合いは少数でも、知り合いの知り合いをたどれば、人間関係は無数に広がります。だから人間関係は量よりも質が大事なのです。

どちらかといえば、むやみやたらにみんなと仲良くしようとするのではなく、偶然にも価値観や相性が合う人がいたときに、結果として自然に仲良くなっているというくらいの距離感でいるほうが、人間関係は健全なのではないかと思います。

たまたま出会った人との相性が良くてそのまま自然に付き合いが続いていくこともあれば、一時的に一緒にいても、互いにメリットが感じられなくなって疎遠になることもあります。人間関係は、そういった流動的なものとして認識できるといいのではないかと思います。

Fact 9

現実の人間関係はつまらない

一般論として「人間関係が充実すれば、人生が充実する」と思い込みがあると思います。それは、ある程度は正しいと思います。私も人生最期の瞬間にひとりだったら寂しいなと思います。家族に囲まれたり、いろんな人に惜しんでもらったりしながら大往生するほうが幸せだなと思います。他にも、経済的に成功するには人脈が多いほうがいいなとか、恋人がいれば学生生活も楽しかっただろうな、とか思うかもしれません。

確かに、そういう人間関係で人生が幸せになる一面があることは否定できません。しかし、そういう捉え方や思い込みが強すぎる場合、自分自身を苦しめる足かせになります。そこに重きを置きすぎると、「人間関係さえ良ければ、自分の人生は保証される」「人間関係が悪いから今の自分は不幸だ」という極端な見方をしてしまうからです。

「クラスメイトにもっと気が合うやつさえいれば友達ができた」

「恋人さえいれば自分の人生が充実するはずだ」
「もっと有能な上司のもとで働いたほうが成長できるはずだ」

これらは、理想だけが高く、現実が見えていない逃げの思考です。ファンタジーにしかない人間関係を追い求めてしまう、「青い鳥症候群」とも言えるでしょう。

例に挙げた3つはすべて私が抱いたことのある思考ですが、現実の世界では、最初から気の合う人ばかりが集まっているコミュニティーのほうが稀です。多くの人は、学生時代の部活やクラス、アルバイト先などで、価値観や立場の違う人とも一緒に過ごしながら、良好な人間関係を築く力を養っているのです。恋人がいなくたって普通に生活を送っている人がほとんどですし、本当に納得できる有能な上司のもとで働いているような人も少数です。

「人間関係さえ良ければ……」という思考は視点が現実に向いていません。不幸を呼んでいるのはその人間関係ではなく、現実から逃げている自分自身なのです。

現実に向き合えている人は、配られたカードできちんと戦おうとしています。ポーカーや麻雀でいえば、持っている手札からどれだけ強い役が作れるのか考えているのです。一方で、自分の手札にそこそこの役があるのに、ロイヤルストレートフラッシュのようなもっと強い役を作りたいと躍起になっている人は、上手くいけば勝てるはずのゲームでも、取りこぼすリスクばかりが高まってしまいます。そうした大きな役は、手札が偶然良かったときに狙うものであって、期待値が低い中で常に目指そうとするようなものではないのです。

「配られたカードでしか戦えない」というのは当たり前なのですが、私もしっかりと腑に落ちたのは比較的最近のことです。「自分の生まれた家庭がもっと裕福だったら……」「大学で文系学部に進学していれば……」など、考えても変えられない過去のことをモヤモヤと考えることが多くありました。

政治に対して常に文句を言っているような人も近い思考になっているでしょう。SNSで「自分が上手くいっていないのは国のせいだ！」とか連呼しているようなアカウントを見たことはありませんか？　確かにそういう一面も多少はあるのでしょうが、そうした言動は自分のまわりの現実から目を背けたいがために政治に責任転嫁をしているようにも見えます。婚活市場でも、自分のスペックは棚に上げて、高い理想ばかり求める方がよく見受けられます。いわゆるテイカー気質ですが、人間関係全般に対して同様の状態になっている人は、実は多くいるのではないでしょうか。

特に学生のときは、アニメやドラマの影響でドラマチックな人間関係を夢見てしまいがちです。気の合う仲間とバンドを組むとか、謎の転校生とか、甘酸っぱい恋愛とか、そういう作品を見ていると、自分にもそんな生活が待っていることを無意識に期待してしまうものです。しかし、あれはあくまでファンタジーなのです。特に中高生くらいの年代だと、いつも誰かしらに保護されている状況です。当然、経験や見識も少なく不満がたまり、やりきれない感覚や物足りなさを抱える時期なのだと思います。少なくとも私はそうでした。

この世界のほとんどの人間にとって、現実の生活はもっと地味で平凡なものだということを念頭に置きましょう。

Fact 10

「本当の友達」は存在しない

前項に続く話になりますが、私たちは友達に対して、「本当の友達とは、損得勘定なしに互いを尊重し合うような存在」だと理想化しているようなところがあります。

私が学生時代に友達が作れずにひねくれていたのも、この観念が強かったからです。まわりの人間関係が「課題の答えを教えてくれるから関わってそう」だとか「恋人がいる自分のことが好きだから付き合ってそう」だとか穿った見方で周囲を見ていました。そういう一面は確かにあったかもしれないのですが、私は「そんなものに流されないぞ」という思いが強すぎて、逆に身動きがとれなくなっていたのです。

人間関係を、「利害に基づく人間関係」と「仲間的な人間関係」というふたつに分けて考えてみます。

まず「利害に基づく人間関係」は、具体的な目的や利益を得るために構築されるものです。「社長と従業員」などが最たる例でしょう。両者の間には、それぞれがもたらす経済的・社会的なメリットが存在します。目的が達成されたり、利害が対立したりすると、あっさり関係が途切れる可能性もあるため、表面的な付き合いのようにも思われます。

これに対して、「仲間的な人間関係」は、人そのものが目的となる付き合いです。「一緒にいると楽しい」「共通の趣味や価値観を共有できる」といった感情で繋がり、相互の損得をあまり意識せずに成立している純粋な関係のように思えます。

しかし、よく考えてみると、ここにも経済的・社会的な影響は少なからず介在しています。「楽しい」という感情も、突き詰めれば「自分を楽しませたい」という利害関係に内包されるもので、表面的には見えない環境や育ちといった要素がここに入り込みます。

子どもの頃、家にゲームがたくさんある子の家にみんなで遊びに行き、その子がさらに人気者になるといったような状況を見たことがある人も多いのではないでしょうか。今考えれば、あれは、その人自身への関心とゲームへの関心が混同されているような状態だったのではないかと推測します。

子どもが意図的に「○○君はゲームをたくさん持っているから仲良くしておこう」などと利害関係を考えていたわけではないと思います。しかし、このような一見純粋に思える子ども同士の人間関係にも、資本主義が生んだ階級の格差が侵食しているのです。

他にも、バンドで意気投合して成功を目指す仲間は、表面的には「音楽への情熱を共有する純粋な関係」のように思えます。しかし、楽器をそろえるための費用や成功するまでの環境を整えるうえで、親の経済力は無視できないですし、音楽性を身につけるための「文化資本」の差があるのも事実です。つまり、純粋な「仲間的な人間関係」は誰しもに開かれたものではなく、利害的な人間関係、すなわち階級社会の勝者に開かれたものである点に留意する必要があるのです。

一方で、大人になれば、ビジネス上の付き合い、婚活、趣味の仲間など、さらに多角的な目的や価値観が交錯します。では、これらが完全に「利害に基づく人間関係」なのかというと、どうもそういうわけでもないようです。プロジェクトを一緒に成功させようと頑張るうちに、チームメンバー同士の信頼が生まれ、結果的に「仲間的な人間関係」が育まれることもあるものです。つまり、これらの側面はきれいに切り分けできないものなのです。

そうした複雑性を理解せず、冒頭のような穿った見方を捨てられないと、しっかりした人間関係はいつまでも築くことができません。結果として、現実の人間関係に必ず生じる些細なズレや対立さえも、過剰に拒絶するようになってしまいます。

Fact 11

誰かが勝手にあなたを救ってくれることはない

私は子どもの頃、泣きながら「お腹が空いた」と言えば親がご飯を与えてくれました。何か欲しいものがあれば、サンタクロースがそれをプレゼントしてくれました。学校で何かトラブルがあれば、親か先生が間に入って対処してくれることもありました。

しかし、いざ大人になれば、同じような方法が通用しなくなります。「お金がない」と嘆いても、職場の上司や友人がポンと何百万円も渡してくれることはまずありません。大人にとってお金は、自分で行動し、働いた結果として得るものだからです。

なかには、自然に解決するような問題もあります。天気が悪くて気分が乗らないといった問題なら、ただ待っていれば自然に解決に向かいます。しかし、「誰かがなんとかしてくれたり、自然に解決に向かったりする」というタイプの問題は、私たちが直面する多くの場合では起こらないのです。自分で行動を起こさない限り、その問題はずっと目の前に居座り続けます。

子どもの頃のように、黙っていても勝手に問題が解決されるということが、もはやないのは当たり前といえば当たり前のことなのですが、私たちはふと気が緩んだときに、つい子どもの頃のように誰かに期待したくなる感覚に陥ってしまいます。

ネット上では特に、何もしなくても誰かが救ってくれるという甘い考えを持つ人が多いような気がします。それどころか「なぜ助けてくれないのか」という不満を口にし、まわりに当たり散らし、自分の課題を自身で解決することを放棄している人も見受けられます。

日本の手厚い社会保障や、平等性を重視する文化が、そのような感覚を増長させてしまっているのかもしれません。もちろん、セーフティーネットは困ったときに使える大切な仕組みではありますが、あくまで「最終的な支え」であり、日常的な課題や努力を省略するためのものではないのです。

誤解してはいけないのは、「決して誰にも助けを求めてはいけない」ということではない点です。むしろ、適切に助けを求めることや、アドバイスをもらうことは重要でしょう。大人であっても、自力ではどうしようもない場面が訪れることは多々あります。そんなときに、上司や同僚、友人、専門家などに相談し、サポートを仰ぐのは当然の選択肢でしょう。

ただし、問題のすべてを丸投げし、「自分は何もせずに誰かが解決してくれるのを待つ」という態度でいれば、相手も敬遠します。やはり必要なのは「自分で動きながら必要な部分だけを手伝ってもらう」姿勢です。他人の助けにばかり期待している限り、自分の人生に主体的に関わることは難しくなっていきます。

プログラミングを例に挙げると、どうしてもできない実装作業があれば、先輩に質問したりネットの質問サイトで尋ねたりするのは非常に有効です。しかし、そこでも「自分で何を試したのか」「どの段階でどんなエラーが出ているのか」など、具体的な情報を提示しないまま「何をしていいか分からないので、全部説明してください」という聞き方をしてしまうと、相手からすると面倒ですし、情報不足なので、適切な答えをもらえる確率は下がるでしょう。逆に「こういうコードを書いてこう試しましたが、ここで行き詰まっています」というような形で相談できれば、具体的な助言ももらいやすくなります。

やはり、周囲の協力を得て解決に近づくうえでも、まず自分で調べたり考えたりして、どこで行き詰まったのか具体的な質問を形にしてから助けを求めることが不可欠なのです。

結局のところ、自分が動かなければ人生は勝手に閉ざされていくばかりです。行動すれば失敗するかもしれませんが、何もしなければ確実に何も得られないまま時間が過ぎていき、年を重ねることになります。

「誰もあなたを救ってはくれない」と聞くと、冷たく聞こえますが、これは「自分で動くことで人生を切り開くチャンスがある」という逆説的なメッセージでもあるのです。

Fact 12

「距離が近い人＝優しい人」ではない

私たちは、「自分に優しく接してくれる人」の優しさには気付きやすいものです。一方で「自分が嫌がることをあえてしないでいてくれる人」の優しさには、案外気付きにくいものです。

同様に、人間関係で適切な距離を保ってくれる人を「冷たい人」と捉え、逆に踏み込み気味の人を「あたたかい人」と感じてしまうことがあります。確かに、後者のほうがアットホームな雰囲気や、面倒見の良さを感じさせる面はあります。一方で、「おせっかい」になりやすかったり、共依存状態に陥ったりしてしまうようなリスクもはらんでいるのです。

これは心理学の概念でいう「自他境界」の話に繋がります。自他境界とは、自分と他人との間に設ける心理的な線引きのことです。この境界が曖昧だと、人のプライベートに踏み込みやすかったり、相手の要求に必要以上に引きずられてしまったりして、人間関係が歪みやすくなるといわれています。

私自身もまさに自他境界が薄いタイプです。外を歩いていて困っている人がいたら、助けたくてそわそわしてしまうし、変わった人に話しかけられたらおもしろくなって、つい話を聞いてしまったりします。また、飲み会に誘われれば、実は気乗りしていなくても毎回参加してしまうといったことも、自他境界の薄さに由来するものです。

一見、分け隔てなく誰とでも接する優しい人間のように感じられるかもしれませんが、このことで、人の問題を自分事のように背負い込んで深く悩みすぎてしまったり、相手が求めてもいないアドバイスをして厚かましいと思われてしまったりするような問題も生じがちです。

友達のいない人ほど自立していて、境界を強くもっているようなイメージがあるかもしれませんが、実際のところ、そんな人でも自他境界が薄い人は多いと感じています。そもそも友達を作るという行為自体が「仲がいい人」と「それほどでもない人」の間に線引きをすることであり、そこを曖昧にしているからこそ、結果的に仲の良い友達ができないといった側面もあると思っています。これは私自身の経験から感じることです。

そして、私たちは「距離をとってくる人」に対して、「冷たい」「そっけない」といった印象を抱きがちです。しかしこれは実は、自分と相手の領域をきちんと区別し、お互いを尊重する「大人の姿勢」とも言えます。健全な心理的距離感を保つことは、人間関係における感情や思考、行動を保護し、トラブルを未然に防ぐうえでもとても重要なことなのです。

自他境界の強い人の例として、メジャーリーグで活躍する大谷翔平選手が挙げられます。彼はメディアへの取材対応において、家族などプライベートについて一切話しません。通常は、自分への印象を良くしたかったり、リップサービスだったりで多少境界は揺らぐものですが、自制する能力が超人的に高いのです。圧倒的な成績はもちろんですが、そういったリスクヘッジも大谷選手にマイナスなイメージが一切ない理由なのかと思います。

もちろん、どのように境界をもつかは、相手との関係性によっても変わります。たとえば大学の友人に頼まれてできなかったことでも、親に頼まれたら助けざるを得ないということもあるでしょう。つまり、境界をもつというのは、自分がどんな関係の人を重視し、自分の限界はどこなのかを明確にすることと同義なのです。

そこで適切な距離感を保つことは、必要以上の衝突やトラブルを避け、良好な関係を長期的に維持するための重要なスキルと言えます。それは「無関心」や「冷淡」とは必ずしも結びつかないのです。

Fact 13

「性格が悪い人」はかわいそうな人である

SNSなどで、人との距離感を間違えてリプライを送っているようなアカウントを見ることがあります。「これ、見た側は結構傷つくだろうな……」ということを、「してやったり」感を出しながら堂々と送ってしまっているのです。

また、無自覚に相手を傷つけている人というのは、それ以上に多く見かけます。特にYouTubeのコメント欄などで「喋り方が気持ち悪くて聞いてられませんでした」といった感想を、悪気なくコメントしてしまっているような場面を見かけます。

こうした言動は、相手を自分と同じ人間として捉える意識や共感性が欠如していることから起こってしまうことです。そうした人を見ると私は「こういうことを言ってしまうと、自分が人として終わっていることを表明してしまっているなぁ」と少し残念に思ってしまいます。

こうした人は、これまでの人生経験で人と関わった経験が少なく、どういう言動で自分が人に嫌われてしまうのかを理解できていない、もしくは人が傷つくと思う言葉をあえて使ってしまっているのでしょう。他責や逆恨みをよくする人もこの傾向にあるのかもしれません。

この裏には、不全な家庭環境で育ってきたことや、発達障害・境界知能といった認知機能の問題が潜んでいる場合も少なくないでしょう。欧米の研究では、いじめや攻撃的行動を行う子どもの背後に、家庭環境で受けた言葉の暴力や無視、経済的貧困といった不利な条件が影響している可能性が指摘されているそうです。

欧米では、学校でいじめがあった際に、いじめをしている側に心理的な問題があることを疑い、カウンセリングをすすめることがあります。普段から家庭内でひどいことを言われているために、それを他人にやり返してしまっている可能性があるのではないかということです。

『ケーキの切れない非行少年たち』（新潮社）という書籍でふれられているように、非行に走ってしまう人の多くに、発達障害や境界知能といった問題が存在するそうです。「そもそも自分が何をしたか」「なぜそれが他者を傷つけるのか」といったことを客観的に理解する能力が欠けており、犯罪などの非行に走ってしまうのではないかということです。

いわゆる普通の人は、学校などでの人との関わりを通して「人を受け入れる練習」を積んでいます。一方で、発達障害や境界知能の人は、特別学級や保健室登校などで特別扱いされ、社会性が身につかない、経験を積めないという負のスパイラルに陥るケースが多いように思えます。そのまま社会へ放り出されると、円滑に人間関係を築くのが難しく「焼き畑農業」的にコミュニティーを転々とするような生き方を余儀なくされます。結果、キャリアを積み上げにくく、社会的に不利な状況に固定化されていってしまうのです。

そうした人の中には、容姿に恵まれることで、キャバクラやコンカフェなどで生計を立てる人もいます。しかし、もともと人に好かれることが難しい性格で、若さを失ったらどうなってしまうのでしょうか。よく言われる「本当に救われるべき人間は、救いたくなる姿形をしていない」とは、まさにこういった状況かもしれません。

第2章で詳しくふれますが、私はそうした人を近く

で見て、これが社会的弱者の現実かもしれない、と考えさせられました。それと同時に「もうこれ以上こういう人たちと関わりたくないな」と感じてしまったのも事実です。そうした人は、今いる自分の状況に何らかの不満を抱えており、悔しさや怒りの感情を他人にぶつけてしまうのです。もちろん、発達障害や対人関係の困難さを抱えていること、不全な家庭環境や生育環境といった背景は気の毒だと思います。しかしそれでも、こちらが同情して心優しく接してしまうと、こちらの人生が相手に飲まれてしまうのです。

相手は悪意なく非道徳的・不誠実な態度をとり、恩を仇で返してしまうようなところがあり、親子などの本当に親しい間柄でない限り、こうした人と忍耐強く関わり続けるのは難しいのではないかと感じました。

とはいえ、こうした弱者を救うためにこそ、社会にはセーフティーネットが用意されているのだとも思います。私たち個人がそういった人の人生を憂えたり、どうにかしてあげようとしたりするのは多くの場合不幸な結果に繋がるため、半端な覚悟で深入りしてはいけない領域だと思っています。

結局こうした人と積極的に関わっても、あとに残るものは何もないのです。それであれば、自他境界を強くもち、自分のリソースを前向きなものに使ったほうがいいと思います。

Fact
14

他人を変えることはできない

前項の、発達障害や境界知能の人などと接して私が強く感じたのは、「他人を変えることはできない」ということでした。社長と従業員のような関係のもとでモラハラ的・軍隊的な教育をすれば、他人を変えることもできるのかもしれませんが、多くの人はそんなことをしたくないのではないかと思います。

私たちは、他人に何か問題があると感じたときに、ついアドバイスをしたくなるものですが、実際にはいくら指摘したところで、相手が根本から変わることは滅多にありません。本人が変わろうとしない限り、人は変わらないものだからです。ミスや遅刻が多い人に、いくらこちらが指摘をしても、本人が変わる必要性を感じていなければ、相手の本質はそう簡単に変わらないのです。

私自身も、社会人経験をしている中で、上司や先輩に「こうしたほうがいいよ」というようなアドバイスを受けることがありましたが、いまいちピンとこずに、それを実行に移さなかったり、仮に取り組んだとしても上手く継続できなかったりすることが多くありました。当事者の自分からすると、本当の解決策は他のところにありそうというか、少しピントがズレた助言を受けているような感覚があり、他人から与えられるアドバイスに納得感やモチベーションを見出せなかったのです。

何かを言っても相手が何も変わらないとき、「なぜ分かってくれないんだ」「もうあの人はダメだ」などといった苛立ちが生まれるかもしれません。しかし、相手を変えようとするというのは、ある意味、相手を都合良くコントロールしたいという自己中心的な考え方の表れでもあります。自分が勝手に他人に過度な期待を抱き、「相手を思い通りにできないことに苛立っている」のと同じなのです。

コーチングの世界などでは、他人からのアドバイスのほとんどは、実は役に立たないといわれているそうです。コーチの役割は、相手に必要なヒントを与えたり、問いかけを通じて思考を整理するサポートをすることであって、自分の体験や価値観を押し付けることではないとされています。

コーチングは、そのような「本人の内なる答えを引き出す」ことに重きを置きます。人は、自分が変わる必要性を感じたときに、初めて変わろうとするものだからです。自分の内側から湧き上がった解決策であれば、やってみようという気持ちが強まり、モチベーションも継続しやすくなります。

他人の意見を鵜呑みにして動いていたのでは、行き詰まったときに「あの人が言った通りにして失敗した」と責任転嫁をしてしまうこともあります。自分で気付くことによって、成功や失敗の結果を自ら引き受ける覚悟や主体性が育まれます。そういう意味では、アドバイスというのはすればするほど、相手が自分で考える自由を奪ってしまうことにも繋がるのではないでしょうか。

コーチングや心理カウンセリングの手法では、ひとつの答えを押し付けるのではなく、あくまで「選択肢を提示する」というスタンスが重視されます。最終的な選択をするのはあくまで本人であり、これは相手が自分の意思で自己決定をした実感がもてるかどうかに直結するからです。

そして、他人を変えるよりは、自分が捉え方や人間関係を変えるほうがよっぽど簡単です。たとえば、電車でずっと騒いでいるような人がいたときに、私たちはその人への憎悪を募らせて「静かになってくれないかな」などと考えてしまいがちです。しかし、実際には自分が別の車両に移るのが一番簡単な解決策です。

変えられるのは「過去」や「他人」ではなく、「自分」の「未来」だけだという認識が、余計なことにフォーカスせずに大事なことに集中できるようにしてくれるのではないかと思います。

他人のことを気にかけず、自分にフォーカスするというのは冷たく聞こえるかもしれませんが、他人の意思やタイミングを尊重する姿勢にも繋がるのではないかと思います。

Fact 15

「感情的な依存」は人間関係を破滅へと導く

近年、SNSなどを通じた「パパ活」「立ちんぼ」「いただき女子」のようなアンダーグラウンドな活動をしている人たちを、ネット上で普通に見かけるようになりました。こうした活動や生き方に憧れ、実際に足を踏み入れている人も多く見かけます。この背景には、「普通に生きていては幸せになれない」という現代の若年層に広がる漠然とした不安や焦りがあるようにも思われます。

実際、ホストクラブやキャバクラなどの夜職はじめ、そうした稼ぎ方のほうが昼職よりも短期的に高額のお金を稼げるのは事実でしょう。「若いうちに効率良く稼ぎ、さっさと足を洗う」という考えは、一見合理的な選択のようにも思えます。しかし、私はそうした稼ぎ方には、

少なからず疑念を感じるのです。

なぜなら、「若いうちに稼いで足を洗う」が実行できるほど器用な人は、ほんのひと握りだと思うからです。実際のところ、人間関係のリスク管理や金銭感覚の問題で上手く勝ち逃げするような能力は、多くの人にはないのではないでしょうか。私自身もそうした世界に足を踏み入れたら、若いうちにきれいに足を洗うのは難しいと思います。そして、本当にこれをやってのけられるような人は、そもそも裏の世界でなくても成功できるはずです。

何が問題なのかといえば、こうしたお金の稼ぎ方の多くが、人の愚かさや欲につけ込んで高額な料金を請求するものだということです。この人間関係を換金するという姿勢は、最終的に人から恨みを買うリスクが常にあります。もちろん、サービスを与える対価としてお金を受け取っている側面はあるのでしょうが、会話や感情のやりとりに対して「料金が発生する」のは、人間関係として極めて不自然な状態です。なぜそれが受け入れられるのかといえば、お金を払う側に感情的な依存をさせているからです。

感情的な依存をさせるからには、「他の異性と関わることに嫉妬される」だとか「お金を払わなくなれば切り捨てる」といった衝突は不可避でしょう。相手から上手にフェードアウトするか、適切に、いわゆる「メンケア（メンタルケアの略）」をし続けられなければ、最終的には支払わせた金額だけ、愛が憎しみに変わっていくのです。実際のところ、そうした業態で全員の「メンケア無期限サポート」を続けるのは現実的ではないようで、恨みによる殺傷事件は頻繁に報道されています。日常的に高額の金銭と恋愛感情が錯綜しやすい環境で、リスク管理を徹底するのは容易ではありません。

要するに、稼ぎ方としてリスクが高すぎるのです。こうした稼ぎ方は、「勝者たちは連鎖する」（P26）で説明した「品」や「余裕」とは対極にあるものです。違法でなければ何をしてもいいという考えをもつ人がいるかもしれませんが、私たちの社会には、法律以外にも宗教のような文化的背景から生まれた道徳観や、社会的な合意が存在します。こうしたものを軽視していると、人間社会の中で徐々に不利な立場に置かれてしまうのです。こうした稼ぎ方に見られる搾取の構造は、昨今問題とされている、宗教団体が信者を洗脳し、高額なお布施を払わせて生活困難にまでさせてしまうような構造と共通するものがあるのではないでしょうか。余談ですが、長続きする宗教では、信者の収入からお布施をもらう割合を規定しているそうです。信者から恨みを買わないための、良い仕組みではないかと思います。

そして、若さを強みにする仕事は早く終わりが来るのが現実です。引退後は、自分の過去をできるだけ隠しながら生きていくことになります。社会的イメージも決して良いとは言えないですし、もし表舞台に出てしまえば、過去に買った恨みがどのような形で噴出するか分からないからです。

つまり、こうした稼ぎ方では自分の過去が資産として残らず、経歴の中で、ぽっかりとあいた穴のようになってしまうのです。私は、このような生き方は「人生の早期利確」と言えるものではないかと思っています。早期利確とは、株式投資において、短期間で株を売却して利益を確定させることを指します。もちろん短期的には利益は得られるのですが、長期的には大きな成長の可能性を手放してしまうリスクが伴います。若い頃のエネルギーには無限の可能性があり、難しい資格を取ったり、インフルエンサーになったり、なんだってすることができます。そうしたエネルギーを早期に換金し、表舞台に出られない状態を確定させることは、人生の可能性を狭めてしまう危険性があるのではないでしょうか。

Fact 16

現代の人間関係は消費社会に毒されている

あらゆるものがサービスとして消費されるこの社会では、人間関係すらも、まるでサービスのように捉えている人が増えているように思います。その結果、家族のような、本来であれば心の結び付きが基盤になるはずの関係性ですら、「この人は私に何をしてくれるのか」という、「サービスを受ける消費者」的な発想で相手を選別することが一般的になっているのです。

YouTubeに投稿されている無料の動画が「自分の思ったのと違う」と感じれば文句をコメントに書いたり、マッチングアプリで人間を一瞬でふるいにかけてみたり、結婚相談所で相手を「条件」で選別したりする行動は一般化しています。こうした経験の蓄積によって、「サービスを受ける消費者」としてのマインドが過剰に強まり、人間関係

そのものへの向き合い方を歪めてしまっています。

また、現代社会では、「推し活」に代表されるように、好きな商品・サービスの消費を通して人と関わったり、機能性よりも「世界観」で商品の購入を決めたりする、消費活動に自己表現を見出す側面があるようです。すなわち、お金を出せば誰でも手に入れられるものが、ある種のアイデンティティーとなってしまっているわけです。

そうして私たちは、消費に即時的な成果を求めるようになり、本来の人間関係を構築するために必要な、地道なコミュニケーションの積み重ねや、現実的な課題に向き合うことから目を背けてしまっている側面があるのではないかと思います。男女問わず相手に求める理想だけが高まってしまっているのです。

近年のホストクラブの一般化も、そうした背景が関係していると思います。YouTubeのような媒体で気軽にホストにふれられるようになった結果、今では売春してまで通う未成年すら出てきている始末だそうです。そうした人は「疑似恋愛」という即時的なサービスを受けることに依存し、現実の人間関係を受け入れる力を育てられていないのです。

もちろん、遊びとして適度に通うくらいの認識が客側にあればいいのですが、実際には、恋愛経験に乏しく、人間関係を健全に築いた経験のない弱者が搾取されている構造であることが多いようです。そして、こうした人は、それまで育ってきた環境が不全だったがために、愛情に飢え、バランスの良い人間関係を築くことが難しくなっている「愛着障害」の状態にある人も多いのだそうです。

そうした人にとって本当に欲しいのは「恋人」というよりも「精神的な穴埋め」に近い存在でしょう。もし、自己肯定感が低く、依存心が強く、愛情に飢えているがためにそうした店に通っているのであれば、本当に通うべきなのは、精神科や心療内科でのカウンセリングなのです。

実際のところ、ホストやキャバ嬢に本当に人間的な魅力がありおもしろいのかといえば、そうでもないケースは多いと思います。そうしたお店は目の前の客を喜ばせることが商売なので、キャストが明るく接してくれて、行けば楽しい気分にはなるかもしれません。しかし、これはあくまでもビジネスとして行われている有償のコミュニケーションなのです。

なかには本当に人間として魅力的な人もいるかもしれませんが、多くは心の隙間につけ入り、恋愛感情を利用して依存させている状況なのではないかと思います。

ホストやキャバ嬢が本質的に人格や人生を肯定し、愛情を注いでくれるわけではありません。自分が求めているものが愛情なのであれば、愛をお金で得ようとするのは間違いではないでしょうか。

私の好きなバンドであるビートルズに、「ジ・エンド」という曲があります。その歌詞の意味として、「結局のところ、あなたが受け取る愛は、あなたが作る愛の量と同じである」というふうに私は解釈しています。

これは、動画を無料で撮って投稿することから始まるYouTuberの活動にも通ずるところはありますし、プライベートの人間関係にも言えることだと思います。自分のことを大事にしていない人のことを、人は大事にしようと思えないからです。

Fact
17 誰もあなたに興味がない

人とのトラブルやちょっとした失敗をきっかけに、人間関係をすべてリセットしてしまいたいという欲求を抱える人は少なくありません。こうした傾向は、しばしば「人間関係リセット症候群」と呼ばれます。

具体的には、ＬＩＮＥのアカウントを消してしまって「Unknown」などといった表示になっている人を見たことはありませんか？　このように、特に若い世代の間で人間関係を断とうとしたり、対立を避けたりしようとする傾向があるのです。

対立を避けようとするあまり、これまで付き合ってきた相手に直接別れを告げるよりもメッセージの無視やブロックを選び、会社での評価に不満があれば交渉をするよりも仕事を辞めることを選ぶのです。近年流行っている「退職代行」や、

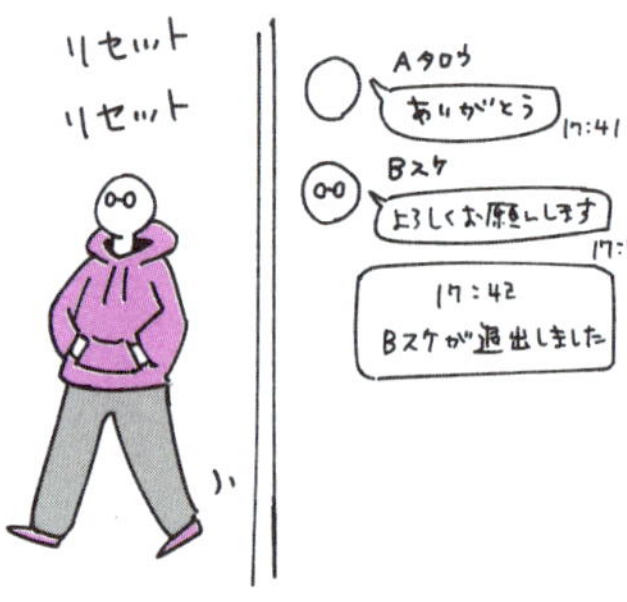

職場の人間関係を毎回切り替えられる「単発バイト」のようなビジネスも、こうした「人と対峙せず、ラクな方法を選ぶ」という風潮をあと押ししているように感じます。

私は、この傾向が一概に悪いとは思いません。人間は、スーパーで売られている肉がどのように我々のもとに届くかといった背景や、外国で行われている戦争など、残酷な現実からは目を背けて、心理的な負担を減らそうとする傾向をもっているからです。

対立を避ける若者の行動にしても、メッセージアプリ、退職代行、単発バイトアプリのような社会の変化やテクノロジーの進化によって、ある程度は許容される土壌が整えられているのではないかと思います。そうした結果として見ると、「人間関係リセット症候群」は人類の順当な進化なのかもしれません。

ただ、私たちはまだ完全に対立を避けられるような段階にはおらず、その過渡期にいます。今後テクノロジーがより進化し、意見の衝突をAIアシスタントが調整してくれたり、ミュートやブロックで人間関係を断ったりするような時代が来るのかもしれません。しかし、今はまだそういう状態にはなく、ある程度は現実への適応が必要だと考えます。

「人間関係リセット症候群」の背景には、「失敗を見られたくない」という自尊心や、「人からどう思われるかが怖い」「人間関係は完璧であるべき」という極端な思い込みがあるように感じます。人間関係のリセットにより、自分の失敗から生じたトラブルをなかったことにしようとしているのです。

これが癖になっている人は、人間関係が少し崩れたり、仕事のペースが少し乱れただけですぐいなくなってしまいます。周囲からすれば許容範囲内の失敗であることも多いのですが、ミスをカバーしたり、意見の食い違いについて話し合ったりして、解決に向かわせるのではなく、消えてしまうのです。本人の真面目さと自尊心が、自分を追い込んでいるのではないかと感じます。

私も、特に何か失敗をしたわけでもないけれど、ふとネット上の自分のアカウントをすべて消し去りたくなることが稀にあります。なんとなくこの世に自分が存在していることが恥ずかしくなってくるのです。しかし、そこでアカウントを消してしまえば、周囲から「あ、こいつメンヘラ発動したな……」と思われるのは想像にかたくありません。冷静に考えると、消した事実を見られることのほうが恥ずかしいのです。

「人間関係リセット症候群」を引き起こす心理に「他者からの評価を過剰に恐れている」

ということもあると思います。しかし、実際には、まわりの人というのは思っているほどあなた個人に興味がありません。みんな自分のことで忙しいのです。

たまに、道で転んで恥ずかしそうにしている人を見かけることがあると思いますが、1分後にはその人の顔すらも思い出せないと思います。つまり、他人のミスや行動に誰もそんなに注意を向けていないのです。

人間関係のリセットを繰り返す人は、一時的には「嫌な状況を脱した」という安心感を覚えるかもしれません。しかし、それは根本的な解決策ではなく、結果的にいつまでも似たようなパターンを繰り返し、そのたびに自分を追い詰めてしまうリスクがあります。

もちろん、アカウント削除や退職という形で環境を変えることで、新たな道が開けたり精神的な負担から解放されたりすることもあると思います。しかし、その前に少し立ち止まって「これって、そこまで重大な失敗なのか?」「自分で大ごとだと思い込んでいるだけかもしれない」と考える視点は必要だと思います。

Fact 18

「対立」は演出されている

私たちの生きる社会ではメディアや企業が商品を売り、消費させるために、人々の欲望やコンプレックスを刺激するマーケティングを行っています。その影響で、私たちの欲望の基準は上がり、本来は悩む必要のなかったことに悩んでお金を払っています。

そして、人々の注目を浴びるためにメディアで行われることがあるのが「人間の対立を煽る」という手法です。たとえば、よくある対立構造として次のようなものがあります。

男vs女／老人vs若者／既婚vs未婚
子持ちvs子なし／都会vs地方
陰キャvs陽キャ

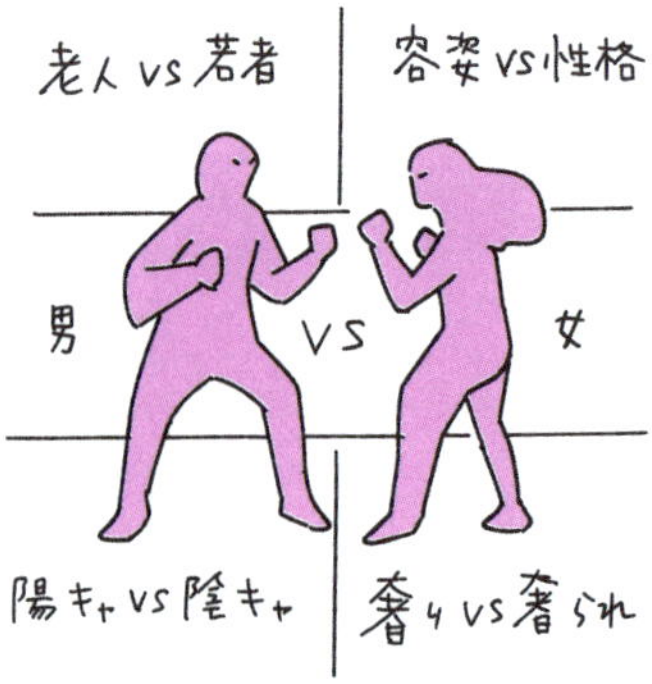

日本vs外国／大企業vsベンチャー企業
障害／学歴／年収／政治／宗教

このような、さまざまな構図で争いが煽られているのを目にすることがあります。こういった対立が目立つのは、私たちの闘争本能や怒りの感情がＳＮＳなどで注目を浴びやすいからです。私たちは対立する立場を攻撃したり、自分が被害者の立場であることを強調したりする行為を、ある種のエンタメとして消費している面があるのです。

そして、この背後には、感情を煽ることで利益を得ようとするメディアや企業の思惑も隠れているかもしれません。私たちの社会では「インプレッションを稼いだり、アクセス数が伸びたりすれば得をする」といった人々が存在します。そのためには、多くの人の興味を引きつける必要があり、そこで怒りの感情を大きく揺さぶるような話題や主張を巧みに取り入れる手法が用いられるのです。

特に現在では、刺激的な見出しや対立を強調する書き方、そして明確な敵や被害者を設定することで、一気に拡散を狙うことが容易になっています。なかには、虚偽のエピソードで注目を浴び、インプレッションを稼ごうとする、「嘘松」と呼ばれるケースすらも散見されます。

このように対立が強調されることで、私たちは本来不必要だった悩みを抱えたり、対立を必要以上に煽られたりしてしまうのではないかと思います。

過去には、ラジオや新聞のようなメディアでの報道により、国民の中で「自国vs他国」「正義vs悪」といった対立の感情が過熱化し、そのまま戦争まで突き進んでいったといった歴史も存在します。

昨今ではこうした「国の意図」のような陰謀めいたものというよりは、単純に強い意見や刺激的な見出しのほうが読み手にとっておもしろく感じられるというようなシンプルな理由からだとは思いますが、メディアが人々を煽ることで、副次的に社会的な分断が強化されてしまう危険性は常にあるのです。特に現代では、インターネットを介して情報が瞬時に広がるため、私たちはいつの間にかその思惑に巻き込まれやすくなっています。

本書もある意味で、一方的なスタンスをとって、対立的な構造を呈した部分があります。ヤンキー、夜職、発達障害などに関する記述は危うい部分があったかもしれません。なぜそのようにしたか？　正直、そのほうがおもしろいと思ったからなのは否めません。なるべく事実に即して多面的に物事を語ろうとすると、概してどっちつかずの表現になり、文章が味気ないものになります。情報を発信する立場からは、おもしろさと倫理観はトレードオフな面があり、常にジレンマが生じるのです。

まとめると、そうした情報に流されるのではなく、自分自身の意思をもって情報やメディアに接することが重要だと思います。あなたが特定の対象に敵意を抱いた際、それははたして本当にあなたが抱いた感情でしょうか？　誰かに植え付けられたものではないでしょうか？

vol.1 生存するために生まれた原始的人間関係（古代）

人間が現代社会を作り上げる前の、原始的とも言える時代の人間関係を探っていきたいと思います。そこには、現代と異なった本能的な人間関係の本質が見えてくるはずです。

私は、古代における人間関係は、今よりもずっと動物的な結び付きが強かったものだと考えています。それは、当時は何よりも生き抜くことが最優先だったと思うからです。現代に生きる私たちは、死をどこか遠くにある非現実的なものと捉えがちですが、当時の人間は常に死と隣り合わせの生活を送っていたはずです。平均寿命も短く、生き抜く確率を上げるには、他者と協力することが必要不可欠です。イワシが群れで行動するように、人間も生存のために群れを作る必要があったのです。そうした人間関係は、意識的に人と関わっているというよりも、生物的な本能に組み込まれた共同体的な無意識だったのではないでしょうか。狩猟採集時代には、たった一人で猛獣に立ち向かったり、食料を得たりすることはとても困難なことでした。マンモスを狩るとき、他者と気が合うかどうかを気にしていたら、すぐに全滅してしまったでしょう。動物と同じように、生き抜くため仲間と協力することが人間の生活に根づいていたと思われます。

当時、集団から孤立するということは死を意味していたため、私たちの祖先には、本当の意味で集団から孤立していた人はいないはずです。

言語も十分に発達しておらず、「昨日先輩に怒られたから、今日のマンモス狩り行きたくないなぁ」といった人間関係に起因する悩みは湧き上がらなかったでしょう。この時代の人間関係というのは、現代のような格差社会と比べれば、弱者に優しいものだったと言えるのではないかと思います。

現代と異なる点は、人間関係の中に、明確な強者と弱者が存在しないことです。リーダーと子分のような役割の差はなかにはあったかもしれませんが、猛獣の前では全員が等しく無力です。そのため集団内にいる人間は、全員が弱者であるがゆえに協力し合うという面が大きかったのではないでしょうか。

ただ、人間関係は、単に生物的な生存本能のためだけにあるとは言えません。

あるテレビ番組を見ていて、興味深いと思ったことがあります。それは、面識のない何人かの幼稚園児を同じ部屋にいさせると何が起こるのかをモニタリングする内容でした。

お互い知らない子ども同士であるため、最初は多少の距離はあるものの、しばらくすると一緒にブロック遊びを始め、仲良くなっていく様子が映されていました。そこには利害関係は存在せず、ただ「楽しい」「仲良くしたい」という漠然とした気持ちで遊び始めたのでしょう。ここに私は、人間の遺伝子に組み込まれた、「人間関係を築こうとする姿勢」のようなものを感じました。孤立が死を意味していた過去から、人との繋がりを求める性質をもった個体が生き延び、現在の人類に受け継がれてきたのでしょう。

人間本来の関わりというのは、こういった子ども同士の友和的なものでもあるのだと気付かされます。

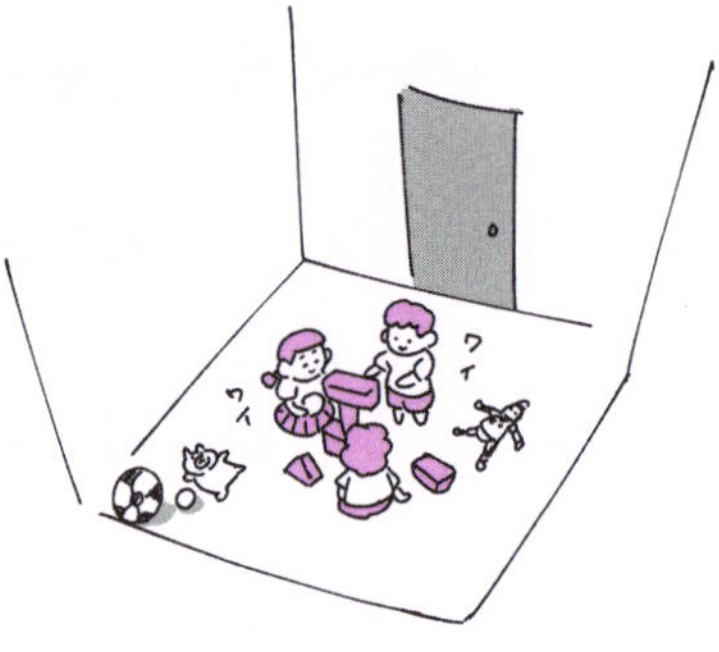

第2章

人間関係の気付きを得た私の体験

人間関係が不得意な私は、
人との関わりで
よく失敗することがあります。
そのなかでも特に
印象に残っているエピソードと、
そこから得た教訓を紹介します。

地雷女性A

世に解き放たれた真の社会不適合

この人と関わっているとき、私の悩みは尽きませんでした。どうしてこの人と関わってしまったのだろうかと、後悔する毎日。彼女はいわゆる「地雷系」とネットで呼ばれるような、ゆるふわなファッションをした人物ではありません。重度の「精神病」「発達障害」「メンヘラ」といった特徴をもっており、一度関わっただけで私も心理的にダメージを受けてしまったため、「地雷」の本来の意味合いでネーミングさせていただきました。

Aさんと私が知り合ったのは、Xでした。そこで彼女は、表には出ていないはずの、同業者しか知らないYouTuber間の裏事情のようなものを話してくることがあり、その中には私がすでに知っていた情報と一致するものもありました。そのため、私は彼女に「同業者」という認識を抱き、警戒感が薄れていったのです。

そして、やりとりする中でAさんは、徐々に次のような悩みを私に打ち明けてくるようになりました。

自分は母子家庭で、その母親は体が弱く入院していた。高校ではアルバイトなどをしながら生計を立て、卒業後は普通に仕事をしていた。そして最近母親が亡くなってしまい、生きる希望を失ってしまった。今自分は某有名YouTuberの彼女であり、その人と同棲をしている。裏でDVを受けているが、行く当てがない。ずっとこうしているしかないのだろうか。

他にもさまざまなことを言っていましたが、簡潔に言えばそのような内容でした。付き合っているYouTuberは私も知っている人でしたし、伝えてくる情報に信ぴょう性があったので、どうやら本当のようだぞと感じたのです。とはいえ、何かするということもなく、私も半年以上「がんばれ」と励ます程度にとどめていました。その間ずっと、押し入れでもいいから家にしばらく住まわせてくれないか、家賃も払う、などと言われており、大変そうだなぁと思っていました。

何かしらの精神的限界が来たのか、ある日Aさんは命の危険を感じるような脅しを受けていると私に伝えてきました。行き場がなく、もう生きる希望がないとのことでした。私は、警察への相談や支援施設へ行くことをすすめましたが、そんなことをしてまで生きていたくない、もう自殺するというようなことを言われてしまいました。

これを断ると自分も人殺しと同じになってしまうのではないか、といった感覚があり、最終的に3ヶ月というい条件でＡさんの滞在を受け入れてしまいました。

どうしてそういった意思決定になるのか分かりかねるところもあると思うのですが、捕らえられた人が、無実なのに最終的に「自白」をしてしまう話を聞いたことはないでしょうか。実際にそうした状況に一人で長期間置かれると、ある種のマインドコントロールのように、普通ではない感覚になってきてしまうのです。

・気を付けるべき危険な人間の特徴①

「自分の都合のいいように、人をコントロールしようとする」

わがままが多いくらいでは、普通の人の感覚としては「世話が焼けるなぁ」といった程度でしばらく接してしまいますが、相手にとってはそれがいつの間にか「当たり前」となっていきます。どんどん要求や態度が大きくなっていき、それまで普通に接していられた人も、あるところで限界が来てしまうのです。こうした自分勝手な傾向が強い人は、自分の自殺などを匂わせることによって、有無を言わせずに相手をコントロールしようとすることすらあります。

Aさんは見た目からしてヤバいということはなく、パッと見た感じは案外普通の人でした。ただ体に大きなあざがあり、DVをされた跡だと言っていました。腕にはびっしりとリストカットの跡。普通の感覚だと、そこで関わるのを避けるセンサーが働くのかもしれませんが、自分はそういう部分にはうとかったということもあり、特に気にすることなく接してしまいました。

また、悲惨な過去がありながらそうしたことを語るときは明るく冗談を挟むようなところがあるAさんのことを、「おもしろい」と感じてしまう部分もあったのは事実です。

気を付けるべき危険な人間の特徴②

「見た目は〝普通の人〟か、むしろ良い」

私たちを陥れる危険な人は、ヤバそうな見た目をしていることはありません。そのような見た目をしている人は、そもそも深入りしないように警戒できるからです。そのため、警戒感を抱かせない「普通に見える人」と関わったときに、後悔することになりがちです。容姿はむしろ整っている人のほうが多いかもしれません。個人的に、見た目がいい人ほど世の中を軽く見ていたり、精神的に未熟であったりする傾向があるのではないかと思います。自然と周囲が手を貸してくれるような環境で育つため、自分自身で問題を解決する姿勢が育たないのです。

Aさんは、最初の頃はおとなしい感じの鬱っぽい人という感じでした。まぁ3ヶ月くらいで元気になって出ていってもらおう、といった考えでいたのです。

彼女が私の家に来てしばらく経ってから、相手も元気が出てきたのか、徐々に言い争いが増えていきました。それは、こちらに「迷惑をかけられている側」という認識がある中で、ずっと彼女が横柄な態度をとってきたからかもしれません。助けられている立場なのに「足りない、もっとしろ」「助けようとしたならしっかり責任をもて」と、要求もエスカレート。私はそれまで人生で声を荒らげたことなどなかったのですが、その人と関わっていると無性に腹が立ち、態度や言動すべてが癪に障ってしまったのです。

時にはなんとか自分の状況を有利にしようと衝動的に物に当たったり、関係のないまわりの人を巻き込んだりしてしまうこともありました。正直、これでは彼氏にＤＶされていたというのも納得できてしまうようなところがありました。ヒステリックに「私をこんなに不機嫌にさせたお前が悪い」という他責的な態度をとる彼女を見て、このような攻撃的な人間性では、自責や努力といったものができないだろうし、その結果、社会的な弱者が生まれてしまうのだろうと感じたのです。

言い争いの中で「なんでうちから出ていかないんだ」と言って、警察に連れて行こうとしたことも何度もありました。しかし、本人が暴れ回ったり、蹴ったりしてくる中で、力ずくでも連れていくというのは難しかったです。また、本人もかわいそうな状況にいたのは確かだったため、なるべくそうした無理やりな方法はとりたくありませんでした。

「感情のコントロールができず、パニックを起こす」

些細なことでパニックになって激しく怒ったり、泣き出したりする人がいます。そのために、落ち着いて状況を整理すればいいことでも、トラブルを大きくしてしまうのです。

内心、泣けばどうにかなると思っていそうな節もあります。これまでも、どうにかなってきた経験があってそうするのでしょうが、それではやっていることが赤ちゃんと同じです。のちに冷静になって会話をしようとすると、「パニックになっていて記憶がない」などとケロッと無責任な態度をとられてしまうので余計に腹が立ちます。

Aさんと関わる中で気付いたのは、これまでに私が普通の生活をして、当然のように守れると思っていた最低限のモラルを、彼女が持ち合わせていないということでした。「家賃を払う」などの約束も口ではするものの実際に行動には移さず、他にも店員さんに命令するような口調で話しかけたり、道を歩いている関係のない人に暴言を吐いてしまったり、食事中でもスマホを常にいじっていたり、普通の感覚ではありえないようなことを常にしているところがありました。

人間関係を築くうえでのこうした障害は、本来は家庭のサポートや、病院での診療を通して改善されるレベルの「障害」だったはずですが、Aさんは誰からのサポートも受けず、誰にも好かれないような生き方をするようになってしまったのです。横柄なふるまいにしても、これまで、他人に舐められたらおしまいという劣悪な環境で生きてきて、いかにして他人に舐められないふるまいをするのか、といった視点が身についてしまっているのかもしれません。

また、Aさんの言動で気になったのが、「暴露系インフルエンサーに告発する」といった脅しのような発言を繰り返すことでした。私は暴露されるような悪いことをした覚えはないのですが、当時の心境としては「ファンに手を出した」などといったマイナスなイメージを広げられるのも不本意で、そうした脅しをされてしまうと、相手と関わりを断つのは難しいと感じさせられました。私としては、八方ふさがりのような感覚がありました。

このような経験をしたあと、そうした暴露系インフルエンサーへの告発を見てみると、見え方が変わってくるものがありました。確かに、そうした告発をすることで世間から同情されて味方がつきやすい瞬間ができることは事実ですが、双方の主張を聞けば、多くは告発した側がヒステリックになっているだけの場合がほとんどのように感じます。「暴露」されても、実際には後ろめたいことをしていないのであれば、堂々とした態度で臨み、そうした脅しを過剰に恐れる必要はなかったのではないかと、今になって思います。

そして、その方と関わるうえで、私に何かやましい意図があったといったことはありませんでした。自殺などを匂わされた結果、どちらかといえば、巻き込まれてしまうような形で生まれた人間関係でした。

インフルエンサーによく見られるのですが、表で仲良くしている異性がいるときに「付き合ってるんじゃないか?」といった憶測が流れることがあります。しかし、バレたくないことというのは、実のところ自ら表には出さないものです。

私もやましいことがあれば、こんなエピソードは表に出さずにしまっておいたほうがいいと思うのですが、実際にやましいことはありませんし、プライベートな話も自ら公開してしまうのが私の自他境界の薄さでもあり、とにかくベラベラと喋ってしまうところがあるのです。

結局、私は彼女との関わりを断つために、家を出ていってもらうほかありませんでした。自立させるために、いろいろ理由をつけて説得すると、彼女は夜職で働くようになり、その後、数ヶ月程度家にいても関わることなく無視するようにしていました。しばらくすると、どこかで彼氏でも見つけてきたのか、自ら家を出ていきました。たまたま上手くいきましたが、あれが何年も続いていたら、自分の人生も間違いなく悪い方向に引きずられていたはずなので、それを考えるとぞっとします。

普通に生活していれば、ここまで極端なタイプの人と関わる機会はそう多くないのかもしれません。もし何かのきっかけで普通ではない人に悩まされるようなことがあったときは、私の失敗を教訓に、自分を守りながら、必要以上に相手の事情に巻き込まれないようにしてほしいと思います。

天然男性B

無自覚に人に迷惑をかける恐ろしさ

Bさんは、仕事で関わることがあった方でした。地雷女性Aさんとほぼ同時期に関わっていたのですが、こちらも無自覚な発達障害のようなところがありました。Aさんほどひどくはなかったのですが、私自身が上手く関わる力に欠けていたところもあり、人間関係としては失敗してしまったように思います。

Bさんは、仕事を依頼すると威勢よく「やります！」と返事をし、取り掛かってくれる方でした。誠実そうで、どんな仕事も引き受けてくれるため、私は信頼できるという印象を徐々にもっていきました。

少し違和感が生じ出したのは、それからしばらくしてからでした。仕事の進捗を聞いたところ「あともう少しで終わりそうです！」と元気な返事はくるのですが、そうしたやりとりをまた何日間かくり返し、やっと仕上がってくるといったことが複数回ありました。

「あともう少しで終わりそうです！」は実際のところ嘘で、一切手をつけてない期間のほうが長いような気もしていたのですが、Bさんはそれほど仕事に慣れている方ではなかったので、〝報連相〟に多少違和感があっても仕方がないのかなと思っていました。

気を付けるべき危険な人間の特徴④

「その場を取り繕う謎の嘘をつく癖がある」

約束が守れなさそうなときに、正直に状況を話すのではなく、自分を良く見せるために嘘をついてしまう人がいます。作業をお願いした側からすると、実際はまだ作業に手をつけていないのであれば、「あともう少しで終わりそうです！」と言われて待たされるよりも、正直に話してもらってこちらで終わらせてしまったほうが早いような場合だってあるはずです。

他にも「その日は自分が車で送っていきます！」などと言われたのに、当日に現れず、あとから「天気が悪いから中止だと思った」など支離滅裂な言い訳をされることもありました。それであれば、最初から約束をせず、一人で電車に乗って移動する前提でいたほうがラクだったと思うのです。
Ｂさんと関わっていて感じたのは、最初はいい返事を返してくれるものの、あとで実行できなくなってよく分からない言い訳で仕事をうやむやにしてしまう傾向があるということでした。

おそらく本人も迷惑をかけるつもりはないのでしょうが、人の期待に応えたい気持ちばかり先行してしまって現実的なスケジュール管理ができなかったり、自分のキャパシティ以上のことも引き受けてしまったりするところがあるようでした。自信満々に仕事を受けておきながら、あとで整合性がとれなくて信頼を失ってしまうような嘘を平気でついてしまうのは、普通の人であれば考えられるレベルの「将来を見通す力」が不足しているためではないかと感じました。

つまり、悪気があってそうしているというよりは、意識せず不誠実なことをしてしまうようでした。Ｂさんはまだ20代になったばかりの若い方だったので、そういうこともあるのかな、と思い多少の失敗には目をつぶることにしました。

言ったことを実行してくれないとあとで「嘘をつかれた」という感覚になるものですが、本当に堂々と「できる」と言うので、盛り癖があることに気付けず、彼は知り合った当初ではむしろ信頼できるような人間だと感じさせられていました。

そのため、そうしたコミュニケーション面に若干の違和感は感じつつも、すぐに縁を切ることはせず、しばらく誰でもできるような簡単な仕事をお願いしていたのですが、ある時Bさんに「報酬を前払いしてほしい」と頼まれました。一応、真面目に仕事に取り組んでくれているし、信頼できる人という印象もあったので、何十万円かを前払いすることにしました。

しかし、お金を渡してから、彼は私の連絡を無視することが多くなりました。そして、しばらくしてからBさんから返事が返ってきました。「自分は今お金がなくて、バイトを始めたので疲れていて大変なんです。愚痴みたいなこと言うのはやめてください」といったことを言われました。

「無自覚に不誠実なことをする」

本人には不誠実なことをしている意識はなく、ただ誠実に生きる能力が不足しているため、自分中心な行動をとってしまうことがあるようです。

本人に自覚がないのがまた厄介で、他人に指摘されるまで気付くことはありません。その結果、自己中心的な行動が加速し、負のスパイラルに陥ってしまっているように感じます。

私はBさんの「仕事」に対してお金を前払いしたのに、なんでこの人は、仕事をせずに私の知らないところでバイトを始めているんだろうと思いました。自分のお金がないことに焦って、思考が自分中心になってしまっているのです。その後、依頼した仕事をしてくれることはなかったため、前払いしたお金は貸付という形にすることで合意したのですが、その返済に関しても約束が守られず、言っていることをコロコロと変えてしまうようなところがありました。

前月の約束を連続でなかったことにされ、「やっぱり来月にしてくれませんか」と言われることが6ヶ月くらいは続きました。Bさんは決して悪い人という感じではなく、悪意があってそうしているというよりは、他者に対して誠実に動く自己管理のスキルが不足している印象を受けました

「お金を返せないにしても、私から借りるのではなく、親や消費者金融に借り換えたらどうか」と話したところ「親に迷惑はかけられない、それはできない」というようなことを言われました。優しめに接していた私に対しては、迷惑をかけている意識もなかったのかもしれません。「この人なら大丈夫そう」といった心理的な甘えを生じてさせてしまっていたのではないかと思います。

「一番厄介なのは、悪意をもって接してくる人間よりも〝悪意のない無能〟」ということがよくいわれます。相手に悪意がないことが分かるからこそ、こちらも距離をとるのに躊躇して、相手の事情にズルズルと巻き込まれてしまいました。

インド人

自分の価値観をゼロにしてくれる心地よさ

「インドに行って人生観が変わった」という人がよくいます。それは果たして本当なのか、その真実を探るため、私は2024年、単身インドへ向かいました。たった5日間の滞在でしたが、そこで分かったことは、インドに限らずとも、これまでに関わったことのない人の生活や行動様式に触れることが価値観に少なからず影響を与えるのは至極当然だということでした。そして、インドのような、日本との文化的な差異が大きい国であるほど、その影響が強く出るのではないでしょうか。

日本にいても、確かにインドの情報を仕入れることはできます。しかし、ただ情報を頭に入れるのと、自分の五感を通して経験するのとでは、自分の中に入る情報量や納得感が大きく変わります。そうした経験によって、その人がそれまで当たり前だと思っていた価値観が壊されたり、自分自身にかけていた何かしらのブレーキを解放できたりしたとしても不思議ではありません。

「人生観が変わる」という表現がやや大げさであったり、「インドに行った自分に優越感を感じてそう」という感覚があったりして、そうした人を小馬鹿にしたくなる気持ちは分かります。ただ、そのような「賢い考え方」に凝り固まっている人ほど、インドに行けば大きく文化的価値観を大きく変えられそうなのが、むずがゆく感じます。

インドは私たちの「普通」と何が違い、何を学べたのか。すべてを述べるにはこの書籍の1項目だけでは少なすぎます。具体的には、人種や言葉も当然違いますし、政治や思想、宗教への向き合い方、死生観も異なります。発展度合いも違いますし、そこに存在する階級や倫理観も大きく違っています。交通事情ひとつをとっても、安全意識やクラクションなどによる個人の主張、時刻表通りに列車が動かないこと、ぼったくりなど、日本とは異なる点があまりにも多く、それらがすべて刺激となるのです。

そうした文化は、発展度合いとしては遅れているかもしれませんが、そこで人々は当然のように生きていて、どこかそちらのほうが、人間として本質的なものを感じさせられるのです。多くの日本人が大事だと思っている「キャリア」「勉強」「倫理」みたいなこととは正反対の生き方を見ることで、今までの自分の価値観が凝り固まっていたことに気付かされます。

そして、インドそのものから得られる学びとは別に、一人で異国の地を踏み大陸を横断することの達成感や、日本人がほとんどいなくて相手が自分の言いたいことを理解してくれない状況だからこそ日本人と変に芽生える仲間意識といった、付随的な体験もできました。

そうした中から、人間関係の学びとして紹介できるものをいくつかピックアップしていきたいと思います。

▼全然喋れなければ、かえって喋りやすい

私は、日本語で喋るとどもってしまったり、「上手く喋れない」とか「こういう言い方をしたら相手にどう思われるんだろう」といったことを考えてしまったりしがちです。日本語ネイティブであるがゆえに、コミュニケーションの細部や深い部分を気にしてしまうのです。

しかし外国に行けば、私は小学生のような英語しか喋ることができません。自分が言いたいことを上手く伝えられずにもどかしい気持ちもあるのですが、どこか気楽にコミュニケーションをとることができる面もあるのです。相手も、こちらが母国語を喋っていないことを前提としているので、どもっていても何も違和感はないですし、喋り方に対するプレッシャーをあまり感じません。

そして、インドの方は日本人を見ると、なぜか喜んで一緒に写真をとろうと言ってきたり、簡単な挨拶をしてきたりすることがあります。そこで、言語的には浅い会話だったとしても、国際コミュニケーション感を楽しむことができます。大して中身がないようなを「Hello」「Nice to meet you」のような会話でも「国際交流ができた！」となんとなくうれしい感覚になるのです。こうしたことから、コミュニケーションは本来「何を喋っているのか」よりも、「心が通じ合ったかどうか」のほうが大事なのだと気付かされます。

また、もしこれから将来ずっと日本語で「上手い喋り方」ができず、日本で深い人間関係が作れなかったとしても、「英語が上手くない外国人」として海外に行けば、たどたどしく喋っていてもキャラは立つし、そんな生き方をしてもいいな、という観点が得られました。

▼自分を強くもつことの重要性

一方で「インドに行ったら騙された」「ぼったくられた」「危ない状況になった」といった話もよく聞きます。確かに、そういう状況は私にもありました。少し気を抜いていると、最初は親切そうにあれこれ案内してくれていた人が、あとになって高額な案内料を請求してきたり、観光客向けの高額なお土産を買わせようとしてきたりするのです。

発達障害に加えて、受け身でいると基本的に危ない人が寄ってきてしまうのがインドでしょう。ここでしっかりとＮＯを伝えることの必要性を感じました。インド人は何となく顔がイカツい感じがしてＮＯを伝えづらいことがあるのですが、彼らとしては「冗談で高い値段をふっかけて、お金をもらえたらラッキー」くらいの感覚でぼったくりをしているような印象も受けました。また、物乞いをしてくる子どもも同様で、どこか「ワンチャン」を狙っているような、ネタで乞食をしているような面があるのではないかと感じました。現代のインドは経済発展が目覚ましい国ですから、どこかでネタっぽさが出てしまっているのかもしれません。

そして、インド人側も、自分を強くもっているからこそ、ぼったくりや物乞いをしてでも生きていく覚悟ができているわけです。渋滞している道で絶え間なくクラクションを鳴らし続け、Google や Microsoft のような世界的な企業のトップにまで個人で上り詰めてしまう。そうした成り上がりのような姿勢は、全体の調和を意識する日本人からすると学ぶべき点でもあるように思いました。

▼明確に存在する階級に触れて気付くこと

「異なる階級間でのコミュニケーションは成立しない」（P20）で紹介している「階級」の話は、発達障害の方との触れ合いや、インド訪問で強く実感しました。インドではカーストや経済格差などにより、人々の暮らしぶりや教育レベル、言葉遣いから身なりに至るまで、大きな差異が存在します。貧しい地域の人たちほど「ぼったくり」「スリ」といった犯罪に手を染めてしまうケースが多いように思います。

一方で、鉄道を利用している人は「大企業のサラリーマン」や「医大生」といった、社会的地位があって親切で品もある人が多かったです。それは純粋な優しさというよりも、「自分たちの生活をきちんと維持できている余裕」から来るものかもしれません。

そういった人々ほど、「相手にとって嫌なことをしないように配慮する」という姿勢を持っているため、こちらがただ受け身のままでは十分に関わりにくいです。困ったときなどには、そうした人にこそ、こちらから積極的に声をかけていく必要があると感じました。

そして、会話の内容をとっても、話題が国際政治や歴史、経済など豊富で「町にいた人より、こっちのほうが話していて楽しいな」と感じました。そのとき、「もしかすると、

インドのカースト

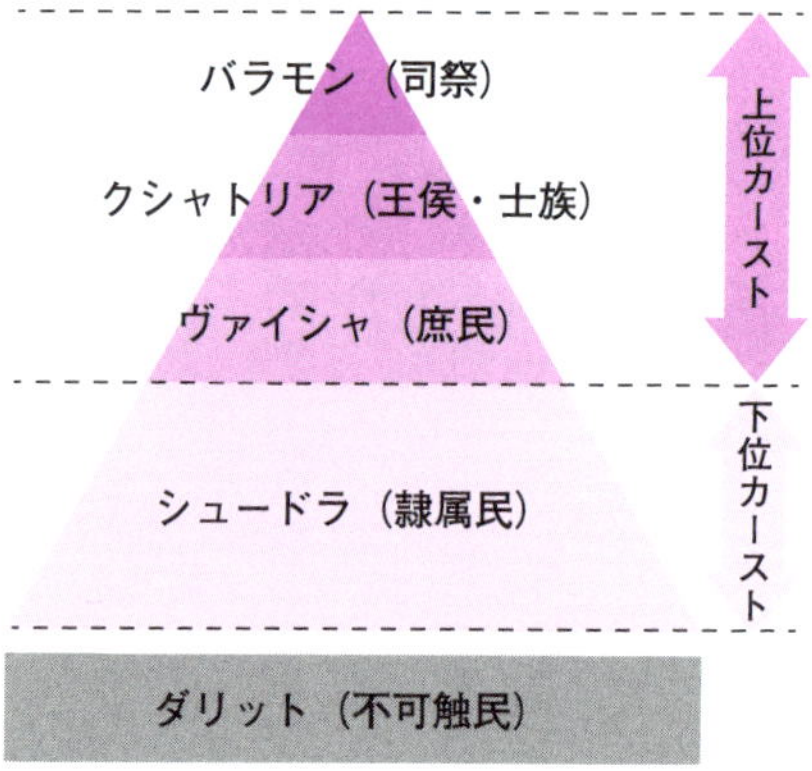

これまで自分が関わりづらいと感じていた人間関係の背景には、こうした階級意識の違いがあったのかも」と気付かされたのです。

日本ではここまで明確に階級を意識することがあまりないため、私自身にとっては意外な発見でもありました。差別的な感情や意図が特にあったわけではなく、あくまで「階級」というものが、人との関わり方を左右する要因になる場合があるのだという発見があったのです。

▼群れから外れて感じる連帯

インドのような国では、日本人は異質な存在になります。歩いているだけで物珍しい存在のようにじろじろと見られることもあります。

また、インドでは、至るところで人々が親しげに会話したり、知らない人同士で助け合っていたりする光景が見受けられます。そうした輪の外に立たされると、自分はよそ者なのだと強く意識させられます。

そんな状況で日本人に出会うと、何となく不思議な安心感を覚え、お互いに話しかけてしまうのです。特に共通点もなく、日本にいれば関わらなかったであろう人同士でも、お互いがインドにいるというだけで、特殊な結び付きを感じるのです。

興味深いのは、日本にいるときはまわりに同じような人間がたくさんいて、孤独になりたいと思う瞬間もあるのに、周囲が自分とは違う海外でひとりになると、自分と似たような存在を求めてしまうことです。

そうした、群れから外れる体験は、普段見落としていた自分の内面に気付かせてくれるような一面があります。群れにずっといると窮屈な感じがして自由になりたくなるけれども、孤独になりたいわけではない、人はひとりでは生きていけないという当たり前の事実を改めて実感するのです。

著者

自主性を失った生き方に潜む罠

人間関係は一人では完結しないものであり、この章で紹介したAさんやBさんとの関わりで上手くいかなかったのは、当然私自身の問題もあったでしょう。まず考えられるのが、私に心の余裕がなかったことです。本書で何度かふれている内容ですが、これには、経済的な余裕がなかったことと直結しているのではないかと思っています。

▼人間関係の反省点①経済的な余裕がなかった

私は人に、「それなりに稼いでいるだろうに、どうしてそんなにケチなんだ」と言われることがあります。明確な理由があるわけではないのですが、自分にも他人にもあまりお金を使いたくないのです。

Aさんのような人をサポートするにしても、私にもっと余裕があれば、自分の家に住まわせるといった危うい方法を取らずに接することができたかもしれません。Bさんの例にしても、求人や報酬にもっとお金をかけ、そもそももっとちゃんとした経歴をもつ人と仕事をすることだってできたわけです。インドではお土産の押し売りをしてくる人たちにも、一円たりとも使いたくなくて心理的に消耗してしまったのですが、もっと経済的余裕があれば寛容に接することができたのかもしれません。

しかし、私の経済力には限りがあり、関わる人も現実的な範囲で狭めていく必要があったのだと思います。これは本書で何度かふれている自他境界の問題に繋がります。

▼人間関係の反省点②
自分の限界が把握できていなかった

Aさんの例に顕著ですが、精神的に自立できていない人と接するには、こちらにかなりの精神的・経済的な余裕が必要と感じました。そうでなければ、関わっているだけでひたすら相手の人生に自分が引きずり込まれてしまいます。私も彼女と関わったことで、ネットでの活動をしづらくなり、毎日ストレスを抱えて他のことが何もできなくなってしまう状況になりました。私に自らの限界が把握できておらず、いつの間にかキャパシティ以上の問題に関わってしまっていたと言えるでしょう。

Ａさんほどの社会的・精神的な問題を抱えた人と関わる例は稀かもしれませんが、一方が自立していないことで、いわゆる「共依存」のような状態となり、双方とも沈み込んでいってしまう状況は恋愛などでよくあると聞きます。学生時代などにそうした失敗を経て、人は適切な人間関係を学んでいくのかもしれませんが、私は人と関わった経験が希薄だったため、20代中盤になり、初めて大きな失敗をすることになりました。失敗がもっと遅ければ、ガールズバーの女性にガチ恋をして事件を起こしてしまう「おぢ」になっていた可能性も十分にあったでしょう。

また、ＡＳＤ（自閉スペクトラム症）の傾向をもつ人は、人の心情を直観的に理解しづらいといわれますが、それは私にも当てはまります。どれほどの負荷が自分に加わると、どういう形で問題が生じるのかといった想像力に欠けていた部分も私の課題だったと感じます。最近私は、投機的なトレードで巨額の損失を出したのですが、トレードをしている最中、そうした損失を出すことの重大さをあまり想像できておらず、損失を出して初めてショックを受けてしまうといったことがありました。時間が経った今でも、ことの重大さをあまり感じられていない部分があり、むしろまわりの人のほうが「かわいそう」とか「ざまぁみろ」というような態度で騒いでいて、自分の感情がいまいちよく分からないところがあります。

▼人間関係の反省点③ 自他境界の薄さ

YouTubeでプライベートをさらすような活動をしている人間ですから、私は自分と誰かを分け隔てる意識が弱いです。もちろん、ネット上ではそういう「距離の近さ」のようなものがウケていた面もあったのですが、実際の人間関係では、これが弱点となりました。逆に、インドの例で言えば「物乞いに一切施しをしない」というような形で、冷静に自他境界を保てていたわけです。

また「人を基本的に信用すること」や「平等に人と接するのは正しいこと」といった、いわゆる「いい子ちゃん」的な考え方が、私の中にあったように思います。この価値観は、私が育った環境やこれまでの人生で出会った人々の中では通用するものでした。しかし、どのような社会階級や環境においても、通用するものではないということに気付かされました。

なぜＡさんやＢさんのような発達障害の傾向をもつ人が、私のもとに集まってしまったのか。それは、私もネットで彼らと似通った発信をしていて、近い属性の人から共感を集めていたという背景があります。

また、私は自分から人に関わりに行くことをあまりしないため、基本的には人間関係がすべて受け身の姿勢でした。一方で、発達障害者には、常人にはない変な行動力がある方も多く、仕事やネット活動を通じて、私のもとへ続々と寄ってきてしまったのです。

発達障害者の中には、円滑に仕事などの協力をいただけた方もいました。きちんと病院に通って処方薬を飲み、発達障害である自分の特性を客観的に認知できている人でした。本当にまずいのは、今回紹介した２人のような、「明らかに発達障害があるのに病院に行く気もない」潜在的な発達障害の方のように思います。

彼らは、どこか憎めない性格をしていて、その場を取り繕い、人に信用できると思わせる能力も高いと思います。詐欺師も、普段から嫌なやつでいかにも極悪人みたいな顔をしている人というイメージがありますが、実際に被害に遭った人が受ける印象は真逆だそうです。

ですから、こうした経験を通じて感じたのは、プライベートで関わる人にしろ仕事で関わる人にしろ、平等に接するよりは、学歴や職歴、生まれといったバックグラウンドである程度選別するほうが、案外快適に生きていけるのではないか、ということでした。

「同じような社会階級の人と接したほうがラク」なんて、世の中で言われるきれいごととは正反対すぎて、誰も口に出さないことです。私はこれをあえて声を大にして主張したくて、この本を書きはじめました。

こうした人との関わりを通じ、「こういう人とは関わらないほうがいいな」「気の難しい人とはこう関われればいいのか」といった学びを得て、本書を書き上げられるまでの気付きを多大に与えられたのは事実ですが、多くの人にとって、そもそも積極的に関わる必要のない対象のような気もしています。

vol.2 なぜ昔の人は宗教を信じたのか（中世）

生きることが日々の最優先という考えは、文明が発展した中世のような時代でも切実なものでした。当時の平均寿命は20から25歳程度。生まれた子どもが20歳まで生きる確率は、55％程度だったそうです。医療や衛生環境も当時は未発達であり、疫病、飢餓、戦争、高い乳幼児死亡率など、人々は常に死と隣り合わせの生活を送っていたのです。

狩猟採集の時代ほど密なコミュニティーではないにしても、引き続き人々は集団で生活し、助け合うことで命を繋いでいました。つまりコミュニティー全体の存続ということが、個人の生存と密接に関係していたのです。

キリスト教では「隣人愛」という概念があります。現代の感覚では、友愛を説いていて素敵だなぁくらいの感覚で捉えてしまいがちですが、当時コミュニティーが崩壊することは、個人の死を意味したため、他人と協力し合うことを集団全体が重視していたということとなのです。つまり、当時の人々が信仰していた宗教での「善く生きる」ということは、自分個人で善行を積むというようなものではなく、助け合いにより共同体全体の調和を促し、全体の生存確率を高めるための切実な知恵だったと考えられるでしょう。

他にも次のように、一見理由がよく分からないような宗教的な決まりにも、コミュニティーの存続を意図していたと思われるものがあります。

・性交渉に関する規範：無秩序な性交渉を禁じることで性感染症の拡大を防ぎ、血縁関係を明確に保つことで共同体の安定を図っていたと考えられます。

・礼拝の習慣：日曜日のミサなどは、信者間で情報交換や意識の共有を行う場として機能していたと考えられます。

・懺悔の制度：現代のカウンセリングに似た役割を果たし、個々人の精神的な安定と共同体全体の秩序維持を目指していたと考えられます。

現代の日本では、宗教を信仰するという感覚が薄く、「どうして昔の人は宗教なんて信じていたのだろう」といった疑問を抱く人も多いと思います。私もかつてそうした疑問を抱いていたのですが、当時の人々は、宗教を信じることを自分の意思で決めたというよりは、当時の共同体にとって都合のいい人間同士の取り決めが結果的に宗教として形成されたのだと今は思っています。中世の社会では、弱い個人同士が集団を形成することで、生存の度合いを上げることが戦略として必然だったのです。

人類が生命の安全や愛・所属を得たあと、人間関係は徐々に複雑化していくわけですが、それがすぐに起こったかというと、そうではないかもしれません。複雑な社会が生まれるには、それに応じた複雑な思考能力が必要だと考えられるからです。

たとえば、イギリスのような先進国でも近世における識字率は20％程度とされており、貴族や聖職者などの一部を除く多くの庶民は文字の読み書きができませんでした。こうした時代の庶民の思考レベルは、現在の小学生と同じくらいと見ることもでき、彼らの生活は宗教を通して神に感謝し、人々と調和して生きることが主軸になっていました。現代の私たちの人間関係と比べると、当時の人間関係はより本能的でシンプルなものだったはずです。

第3章

人間関係の解決策

〈マインド編〉

今まではルールや事例という形で
人間関係の現実を紹介してきました。
では、そのような現実にどう立ち向かえばいいのか？
共通して使える武器として、
心の持ち方について書いていきます。

人間関係はコミュ力で決まらない

私たちは人間関係について考えるとき、コミュニケーション能力に目を向けがちです。しかし、そうした要素は人間関係における一部でしかありません。

「異なる階級間でのコミュニケーションは成立しない」（P20）で、人間関係において社会階級や格差といった要因が大きく影響するという話をしましたが、私たちは、人間関係における「コミュニケーション能力」というものを過大評価しがちではないかと思うのです。実際のところ、「どういうコミュニティーに属しているのか」や「そこでの役割・ポジション」といった要素が、その人の人間関係の9割くらいを決めるのではないかと思います。

さらにコミュニケーション能力にしても、それは「何を喋っているのか」という言語的なものではなく、非言語的なもののほうに重きが置かれると思います。私たちが誰かと仲良くなりたいと感じるとき、その判断材料は、目線の合わせ方や表情、考え方といった雰囲気のようなものであることが多く、必ずしも「おもしろいことを言っているのか」といった相手の話す内容だけで人を判断しているわけではありません。無口であっても、何となく雰囲気的に周囲が関わりやすい人というのは、職場や学校など、どこにでも一人はいるのではないでしょうか。そうした人は必ずしも話すのが上手いわけではありませんが、周囲が自然と好印象をもって接することができる何かをもっているのです。

この話は、コミュニケーションに関する研究として有名な「メラビアンの法則」に通ずるところがあります。この法則によれば、言葉そのものが相手に与える影響は全体の数%程度にとどまり、私たちの他人への印象形成の大半を占めるのは、声のトーンや表情、ジェスチャーといった非言語的な情報だとされています。

つまり、もともと内向的な人が、コミュ力を磨けば人間関係の悩みが解決すると考え、「話すのが上手い人」や「ノリが良い人」の喋りをそのまま真似できるようになったとしても、おそらくそこには違和感が生じ、必ずしも人気を集められるわけではないのです。

「コミュ力を高めれば人間関係は上手くいく」という発想にとらわれすぎるのは、実際の問題とは方向性がズレています。自分が本来もっている特性に合わず、無理をすることにも繋がりかねないため、視点を変えたほうがいいように思います。

では、そうした非言語的な「感じの良さ」や「一緒にいて居心地がいい」といった雰囲気は、どうすれば身につけられるのでしょうか。おそらく、そこに万能な答えはないと思いますが、ひとつのアプローチとして、「人の気持ちを考えられる人間になる」というものが挙げられるのではないかと思います。

私はコミュニケーションが得意ではないという自認がありますが、それゆえに周囲の人の「居心地の悪さ」に対しては敏感です。

たとえば、すでに顔見知り同士の3人と、初めて参加した1人がいる4人グループでの飲み会をするようなとき、新参者はどうしても浮いてしまいがちです。すでに顔見知り同士で内輪の話題で盛り上がり、残りの1人は置いてけぼりなんてケースは多くあると思います。私は、そうした

場面では、置いてけぼりになる人の気持ちが分かるので、あまり喋っていない人がいたとき、できるだけその人のほうに自然に話題を振ったりします。

こうした振る舞いは、ある種の弱さゆえに生じる強みと言えます。このような心がけをもつ人がグループに1人いるだけでも、新参者の印象は大きく変わるものです。「あの場は話しやすかったな」と感じてもらえれば、その後の人間関係を育てるうえでもプラスに働きます。

この例に限らず、人を手助けするというのは、人間関係を築くにあたって有効です。ある意味「恩を着せる」というような行動でもあり、小賢しいやり方のようにも感じられますが、同時に「やって損はない」要素も大きいと言えます。

とはいえ「恩を着せるためにあえてやろう」と意図的に考えすぎると、どこか作為的な印象を与えてしまいます。相手が困っている様子が見えたときに、自分も無理のない範囲で、自然に手を差し伸べられるようになればいいのです。

他人に委ねず、自己決定する

人間関係においてストレスや摩擦が生じてしまう大きな原因のひとつは、自分の価値観や意思がしっかりと確立されていないため、他者に依存したり、過度に合わせようとしたりしてしまっていることです。もちろん他人と協調することや配慮をすることも大切ですが、それが行きすぎると自分らしさを失い、相手の期待や都合に応えようとばかりして疲れ果ててしまいます。

日本の社会では、共同体や集団の調和を重んじる風土が長い歴史で培われてきました。そのため、個人の意思よりも「みんなと同じであること」や「輪を乱さないこと」が優先されやすい土壌があります。ある意味で、人々は自然と他人軸で生きるように誘導されているのです。

そして現代では、SNSの普及により個人の意見や表現が発信できるようになりましたが、物事の判断基準に「いいね」の数や「バズる」という指標も入ってきた印象です。

こうした状況は人々の価値観を「こういう考え方が正しい」と均質化させてしまっている側面があるのではないでしょうか。こうした指標を過度に気にするあまり、知らず知らずのうちに私たちが他人軸で生きる傾向がさらに強まっていると言えるのです。

こうした中で、「他人に委ねることなく、自己決定をすること」の重要性は一層高まっていると思います。すなわち、まわりに流されず、自立する必要があるということです。

このような考え方は、「自由」や「個人主義」といった、明治時代に西洋から日本に持ち込まれた概念に通ずるところがあります。当時の文学者たちは「近代的自我の確立」という言葉のもと、従来の他人本位の生き方から、自己本位へと移行するよう人々を啓蒙していきました。あくまでもこの「個人主義」という考え方は、自分を一番に優先するとか、自分さえ良ければいいといった利己主義とは異なり、周囲の意向に流されず自立して生きることを主張したものです。

では、そうした近代的自我の確立が十分に社会に浸透したのかといえば疑問が残ります。私には、現代においてもなお、どこか他人を基準に生きる意識が根強く残っているように思えるからです。

「国の主権は国民にある」などと言われても、どこか他人事のような感覚があり、選挙の投票率の低さなどを見ても、自己決定をするには当事者意識に欠けているというのが正直なところではないでしょうか。

そもそも日本の個人主義は、フランス革命やアメリカの独立戦争のように自らの力で勝ち取ったものではなく、あくまでそうした国から輸入された概念なのです。つまり「まわりに流されないで自立する」という概念をまわりに流されて取り入れたわけですから、そもそもの導入に無理があるのではないかと思うのです。

夏目漱石はそうした状況を「皮相上滑りの開化」と表現しました。すなわち、うわべだけの文明開化に終始してしまっていて、本質的なことが抜け落ちてしまっているのではないかと主張したのです。

一方、近年の研究で、意思決定の態度こそが幸福度に影響しているということが明らかにされてきています。学歴や年収よりも、「自分の頭で考え、主体的に判断した」という感覚のほうが、結果はどうあれ幸福度に繋がるというのです。

これは、自分の判断で選択や決定をした人は、自らの判断で努力することで目的を達成する可能性が高くなり、成果に対しても責任や自尊心をもちやすくなることから、幸福感が高まることに繋がっているということです。すなわち、親に言われた学校に進学するなどといった他人の軸で人生の選択をした人と、そうでない人とでは、現実を生きるモチベーションに差が生まれてくるのです。

他にも、「アンダーマイニング効果」と呼ばれる現象があります。これは、自発的に取り組んでいた行動に対して報酬を与えることで、やる気や意欲の低下が引き起こされる現象です。たとえば、ある家庭で奥さんが毎日夕飯を作って帰宅を待ってくれていることに夫が感謝して、一食ごとに２０００円を支払うと約束をします。すると、奥さんは「自分のこの料理の価値は２０００円なのか」といった考えがよぎり、それまで無償で作っていた料理へのモチベーションが上がらなくなってしまうのです。

こうした理論的背景を踏まえても「自分で考え、自分で決める」という自立の態度がいかに重要かが分かります。他者の評価や報酬に依存してしまうと、やがて自分の行動の原動力が失われ、他人に一喜一憂させられてしまう、危うい状態に陥ってしまいます。

すなわち、誰かに頼りきって自分の人生が良くなることはないのです。「誰か私を救ってください」というような他力本願の姿勢でいると、自分の人間関係の主導権を他人に握られてしまいます。結果として、支配欲の強い人やわがままな人しか寄ってこないということになってしまうのです。

とはいえ、なんでもかんでも自立して、すべてを自分で解決しろと言っているわけではありません。健全な相手を選び、頼る力を身につけることも大切です。ただ、誰かの助言から生きるヒントを得ることがあっても、それを参考にするかどうか、実行に移すかどうかを決めるのは自分、ということです。

自己決定するという姿勢でいると、人生の手綱を自分で握ることができます。結局のところ、自分を救えるのは自分しかいないのです。

正しく「自他境界」をもつ

「『距離が近い人＝優しい人』ではない」（P64）で、自他境界について述べましたが、ここからは、健全な自他境界をもつためにどのようなことができるのかを、私の経験や科学的な見解などを交えて紹介できればと思います。

▼相手に寄り添うとしても、問題を引き受けすぎない

まず、自分の境界を守るうえで一般的によく言われるのが「他人の問題を引き受けすぎない」という姿勢です。これは、感情と責任を切り分けて考える必要があるということです。他人が何かに困っているとき、私たちはそれに共感を示すことはできますが、その問題を解決する最終的な責任は相手自身にあるということを意識するべきなのです。

仮に、私たちが困っている人の問題そのものを解決したとしても、本当の意味でその人のためになっているかは疑問です。その人は、同じような問題がまた起きたときに、人に解決してもらわないといけないはめになるからです。老子の言葉で「飢えている人に魚を与えるのではなく、釣り方を教えよ」というものがありますが、私たちが人の問題を解決

することはまさに、魚をそのまま与え、その人から成長の機会を奪ってしまうことになるのです。ただ、「自分は釣り方を教えるんだ」という意識で関わろうとしても、相手がメンヘラのように粘着質な人だった場合、結局上手く利用されてしまうこともありえるので、その線引きは案外難しいものです。

▼自分の限界を理解し、他者に伝える

それでは、困っている人がいたら、全員自己責任の姿勢で切り捨てればいいのかといえば、そうではないと思います。あくまで、相手の問題を引き受けることで自分の余裕がなくなってしまうことが問題なのであって、余力の範囲内でお互い助け合うかたちは理想的です。そのためには、自分にどこまで相手を助けられる余裕があるのか、限界を自己認識する必要があります。

自分の身体的・精神的な限界というのは、その日の体調や気分によっても変わります。他人の問題によって自分が過度にストレスを感じたり、疲弊したりする感覚があれば、それは問題に関わるタイミングではないということなので、「申し訳ないのですが、今はあなたを助けるだけの余裕がありません」ということを率直に伝える必要があります。人間関係にも「コスト」が存在します。面倒くさい、ウザい、キモいなどの感情が生まれれば、

それはコストであり、自分にとってマイナスになるのです。

▼関係性の優先順位を整理する

自分の限界というのは、相手との関係性によっても変わってくるものだと思います。関係がそれほど親密でない相手ならば断ることでも、家族に頼まれると断れないということはあるでしょう。しかし、どれだけ関係が親密でも無制限に問題を引き受けることはせず、度を過ぎた問題には関わらない姿勢が必要だと思います。さらに、相手との関係性によって、どれだけ自己開示をするかも自分の中で基準をもつ必要があります。

人との関係性を保つうえで、次のような「親密さ」や「トラブルの深刻度」ごとに、自分の許容範囲はどこまでなのかを冷静に考えてみましょう。

○関係の親密さ（例）

A　ほぼ他人（親しみのない人、取引先の担当者、SNSで知り合っただけなど）
B　知り合い・仕事仲間・ご近所さん
C　友達
D　親友・恋人

E　家族（親・子・兄弟など）

○トラブルの深刻度（例）

1　ちょっとした頼みごと／プライバシーに関する軽い質問
2　知られたくない過去の詮索／しつこい連絡／束縛（位置情報アプリなど）
3　待ち伏せ／自傷や自殺ほのめかしで相手をコントロールしようとする／借りたお金を返さない
4　殴る、蹴るなど暴力行為／ストーキング

たとえば、トラブルの深刻度が1程度であれば、Aのほぼ他人のような関係であっても、受け入れたり、解決に協力したりしてもいいかもしれません。深刻度が2くらいになってくると、友達としては引き受けられても知り合いとしては難しい、といったラインが生まれてくると思います。

難しいのが、深刻度3くらいのトラブルです。Eの家族などの親密な関係であればある程度は助ける必要があるかもしれません。Dの親友や恋人の場合も、関わっていると

きは、相手の異質さに気付かず、同情して助けてしまうかもしれないと思います。私も親が金銭的に大きなトラブルを抱えてしまったことがありました。Ｄの親友・恋人くらいまでの関係性であれば私もお金を貸すことはないですが、親を見捨てるのは非情に感じ、サポートしようと思いました。

要は、自分の人間関係において、相手をどの程度の親密さに位置付けたいのか、どこまで許容するのかといった自分の軸の確立が必要だということです。冷静に、関わっていて自分の境界が脅かされていないかを考えるのです。

ただし、トラブルの深刻度４のようなものは、家族であっても加害者であれば縁を切るような姿勢が必要です。家族が被害者の場合も、自分たちだけで解決するのではなく、警察など適切な機関へ頼ることが必要になります。

▼親しい関係でも、ルールを設定する

家族や恋人、親友などといった親密な相手との間でも、最低限のルールや約束ごとを共有し、それ以上踏み越えないというラインを設定することが必要です。

○責任範囲の明確化

仕事や家事など、誰が何を担当するか、いつまでにどのくらいやるか、といったことの合意をとり、責任の範囲を明確にする。

○時間や頻度のルール

「毎週この日は、部屋で一人で自習する時間を作る」「○時間以上はだらだら遊ばない」など、納得できる形で合意をとる。

○金銭的なルール

期限や条件を明確にし、感情論に流されずに管理する。

簡単に助けられることならいいですが、真の意味で相手を助けるためには、とんでもないお金や時間が必要になることがあります。そういった意味では、どこかの段階で見限ることが、現実的な場合もあるでしょう。それが間違ったことだとは、私は思いません。

「嫌われたくない」の繊細思考から抜け出す

何かの行動を起こすうえで、「嫌われたくない」という感情があることはマイナスです。なぜなら、すべての人から好かれることは不可能だからです。

誰からも嫌われないように自分を取り繕うということは、「人に合わせているだけ」なので自分がしんどくなってきます。また、取り繕うことは、常に相手から見た自分の基準を上げてしまうことです。ふとしたときに、自分の素が出てしまえば、相手の基準とのギャップが生じ、どちらにしても嫌われてしまいます。人間関係において「人からどう思われるか」が基準になっていると、いつまでも自分の人生を歩めないのです。

私もインフルエンサーとしての活動をするうえで、できるだけ多くの人に好かれるように意識こそすれども、全員に嫌われないことはほとんど不可能だと感じています。

実際には、YouTubeなどは当初反応が一切ないという状況で発信を続けることになります。「嫌われるのが怖い」などと恐れる以前に、影響力がつくまでは「誰からも反応がない」状態を耐え忍ぶ必要があります。嫌われるようになるのは、そのあとのフェーズで、むしろ自分に影響力が生まれてきた証拠だと考えられるのです。もちろん中傷されること自体は心地いいものではありませんが、私は「自分もここまで来たか〜」とポジティブな受けとめ方もできるのではないかと思っています。

ＳＮＳでの発言が一定以上拡散されると、こちらの意図とは違う意味に捉えられてしまい、ＤＭで暴言が送られてくるといったこともよくあります。私は、こういった経験を通して、ある意味踏ん切りがつき、今はある程度、賛否両論ある話題にも踏み込んで発言をするようになりました。

このように自らのポジションを表明することの利点として、反対の立場の人からはいい顔をされなくとも、価値観が合う人から深い同意を得られるということがあります。また、そういった賛否両論ある話題は、他の人はあまり触れたがらないため、しっかりと自分のスタンスを示すことは自分の優位性にも繋がります。自分が苦手な人、関わりたくない人などについても正直に発言していくと、そういった人は自分から離れていき、価値観の合う人だけが残っていきます。人に嫌われないために顔色をうかがうのではなく、等身大の状態でいられることは非常にストレスフリーです。

ＳＮＳで誰かにブロックされたときに「ブロックさらし」をする人がいます。この心理は、相手に嫌われたことが自分の中で処理できずに、「僕だってお前のこと嫌いだぞ！」とさらすことで自身のメンタルケアをしているように思います。私は関わりたくないと感じたアカウントをブロックすることがよくあるのですが、高確率でブロックさらしをされています。こういうのを見ていると、意図的に人に嫌いであることを表明するのは、普段は行わないことなのでおもしろい行為だと思います。そして、ブロックしたアカウントの反応をわざわざ見に行っている私も相手に関心があるということは否めず、僕たちむしろ気が合うのでは？などと感じています。

理想的には、人に嫌われることは気にせず、自分の価値観をそのままに、関わる人間をふるいにかけ

ていくような姿勢でいられるといいと思います。しかし、現実的には、仕事などで気まずくても関わっていかなければならない場合も多くあるかと思います。そうした状況でも、相手に嫌われていることを前提で、こちら側は爽やかに何度も挨拶をしていくなどの戦略をとれば、相手にプレッシャーを与え精神的優位に立つことができます。

いずれにせよ、大事なのは、嫌われることを過度に恐れて自分で人間関係にストレス要因を増やさないことです。ほとんどの場合、積極的に恨みを買うようなことをしなければ、多少人に嫌われても殴られたりすることはありません。

否定しないことは「肯定」を意味する

これまで見てきたように、人間関係の悩みが深刻化する背景には「自分の考えや立場をはっきり示せず、周囲の価値観に流されてしまう」という構造があるように思います。自分の人生を主体的に生きるためには、「NOと言わなければ、それはしばしばYESと解釈されてしまう」という現実を理解することが重要です。必要な場面ではしっかりと自他境界をもち、NOを伝えなくてはならないのです。

あなたが職場の飲み会に参加するのが本当に嫌だとしても、なんとなく流されて毎回参加していればそれが嫌だということは誰にも伝わっていないかもしれません。職場の人たちは旧来的な価値観で「飲み会は全員楽しんでいるものだ」と思い込み、あなたのためを思って毎回誘っているのかもしれないのです。

嫌われることや衝突を恐れ、曖昧な対応に終始することは、長期的に見て損をしたり、人間関係をこじらせたりする可能性が高いです。そして、「NO」を伝えることは、必ずしも相手との関係を壊すことを意味しません。むしろ、ダメなことはダメと示すことが、結果的に双方にとって誠実な態度であることも多々あります。

私は現在、ひとつの会社に勤めるのではなく、フリーランスとして複数の会社から仕事を受けたり、自分自身の仕事をしたりといった並行的な働き方をしているのですが、こうした働き方をしていると、しばしば課題になるのが自分のリソースの問題です。

程よい加減で複数の仕事をいつも並行できるのが理想なのですが、現実には、ひとつの仕事で忙しいタイミングが発生し、他の仕事が疎かになってしまうことは珍しくありません。そうしたときは、休日も含めて働き、なんとか埋め合わせをするのですが、自分にかなり負荷がかかる状況です。

このようなリスクを抱える中で、むやみに仕事を引き受けていると、どこかでパンクするタイミングが来ます。自分も疲弊してしまうし、相手から見ても、仕事を依頼したのにパフォーマンスが上がっていないといった状況になりかねないのです。当初にきっぱりと「NO」を伝えていれば起こりえなかったような、大きな摩擦や、責任問題にも及んでくるリスクがあります。

フリーランスの話をしましたが、昨今推奨されているような副業や、会社の仕事の納期などについても同様のことが言えます。不慣れで真面目な人ほど、厳しい条件を出されたときに「まあ、やってみます」などと前向きな返事をしてしまいがちです。しかし、あとでギリギリになってから「やっぱり間に合いません」というようなことになると「なぜもっと早く言ってくれなかったんですか？」と責められるかもしれません。

逆に、計画段階で「その期日では厳しいから、もう少し現実的なゴールを検討させてください」など、保守的な返事ができれば、短期的には相手の機嫌を損ねてしまっても、長期的に信頼を失うリスクは減らせます。

恋愛関係や家族関係などでも、あえてＮＯを言う場面はあると思います。たとえば、相手から道徳的・法律的に問題がある要求をされたときは、しっかりと拒否しなくてはいけません。

適切なタイミングで「それは違う」「私はそう思わない」といった意思をこちらが伝え

ることで、相手は自分自身を客観視し、成長するチャンスを作れると思います。すなわち否定は、相手がこれまで気付かなかった、問題点や落とし穴を可視化する対話のきっかけにもなるのです。

そして気を付けるべきなのは、こちらが否定しないのをいいことに、意図的に過剰な要求をする搾取的な人間が、当たり前に存在するということです。

海外に行ったときなどに、現地の人からやたらいろいろな親切を受けたあとに、高額なお土産を買わないかと提案されることがあります。そこで嫌そうにして「実は買いたくないんですけど……」といった雰囲気を出すだけでは、異国では通用しません。いくら困った顔をしても、明確にＮＯを突き付けなければ、最終的には押し売りに負け、お土産を買わされてしまうのです。

また、世の中に存在する階級構造には、弱者にＮＯと言わせず搾取を続けるような構造があります。新入社員や業界未経験者の場合、一定の期間は、そうした理不尽な状況にもある程度は耐えていかなければならないかもしれません。

しかし、自分の立場を守るためには、どこかで給料交渉を通じて今の自分の評価に

ＮＯを突き付けることや、どうしても受け入れがたい環境が続く場合には、退職や独立を視野に入れた模索をすることも必要になってくると思います。そうした意思表示ができなければ、いつまでも都合よく使われる立場のままになってしまうのです。

もちろん、なんでもかんでも拒否すればいいというわけではありません。フリーランスが仕事を断る話にしても、他に優先したい仕事があるからこそ、お断りする必要があるのです。つまり、ＮＯと言えるようになるには、自分が何にＹＥＳと言えるのかという明確な軸がなければなりません。

周囲の状況や相手の立場にも配慮しつつ、「ここだけは譲れない」という軸をもって、毅然とした対応をとることが大切だということです。

理想に生きず、現実を受け入れる

人間関係において適切に「自我の確立」をするためには、どのようなことが必要なのでしょうか。私は、そのための第一歩として、極端な理想を手放し、現実を適切に受け入れることが必要不可欠だと思います。

「理想を手放す」と言うと、努力を投げ出す、諦めてしまう、といったマイナスな印象を受けるかもしれませんが、そうではなく、自分の現実のどうにもならない部分を受け入れ、美化された理想ではなく、現実を生きることが必要になるということです。生まれ持った環境や階級が違って世の中フェアじゃなくても、とにかく私たちは自分だけの何かを背負って、それぞれ生きていかなくてはならないわけです。

明治期の文豪、森鴎外が唱えた「諦観／レジグナチオン」という概念は、それに通じるものです。彼自身のドイツ留学の経験がモデルになった小説『舞姫』などに顕著ですが、彼は軍医としての立場や、近代日本が激変の時代にあった中で、個人の努力だけではどうにもならない社会構造、まわりのしがらみや関係性などから、自我と社会の矛盾に気付いて葛藤し、「現実の中で変えられない部分を潔く認め、そのうえで自分が変えられる部分にのみ集中する」という態度を模索していったのです。諦観は一見すると「諦め」に近い語感をもちますが、それは「自分の理想を捨てる」というよりも、「変えられないものを変えようとする無駄な執着を手放す」という積極的な意味合いをもつものなのです。

さらに、キリスト教では、困難や不条理を前にしても、祈りや信仰によってそれを受容することが「救い」への道だとされる考え方があり、仏教では「執着を手放す」という教えがあります。これらも同様に、「自分のコントロールを超えた事柄に執着せず、今ここでできることに専念する」姿勢を説いているものです。

こうした文脈で見ると、弱者とは、常に心のどこかで「自分の居場所はここじゃない」と感じている人だと定義できるかもしれません。現実を直視できずに不満ばかり募らせてしまうような状態では、当然ながら上手くいきません。やる理由よりもやらない理由ばかり探してしまい、今いる環境に十分なエネルギーが注げないのです。真の強者は、自分がいる環境に腹を据え、他の選択肢に脇目も振らず圧倒的な成果を出しているのです。

この「理想を手放し、現実を受け入れる」態度は心のもちようについての話なので、ある意味では精神論にすぎないかもしれません。しかし、これを身につける方法のひとつとして、マインドフルネスの実践が挙げられます。

マインドフルネスとは、「今この瞬間」に意識を向け、自分の体の状態、感情、周囲の状況をただ観察して受け入れる練習法です。不必要な思考の連鎖にとらわれず、「あるがまま」を認識することを目指します。

具体的なマインドフルネスの実践方法は専門書に譲りますが、大まかには、次のようなシンプルな瞑想からマインドフルネスを始めることができます。

・静かな場所で、リラックスして椅子か床に座る。
・自分の呼吸に意識を向け、吸う息や吐く息、それぞれの感覚を観察する。
・思考や雑念が湧いてきたら、それを認識し、再び呼吸に集中する。

こうした練習を続け、「今この瞬間」「あるがまま」を意識することで、ストレスの軽減や幸福感の向上が期待できることが現代の心理学や脳科学の分野で認められています。

人間関係に対する過度な理想を捨て、地に足のついた思考をする。これによって、自分がコントロールできる範囲のことだけに意識を集中させることができます。他者の感情や社会の潮流に振り回されるのではなく、自分の行動や選択に意識を集中させられるのです。

初めのうちは自分でコントロール可能な範囲というのは小さいかもしれません。「持てる者」との差に絶望するかもしれません。しかし、自分の成功体験や、周囲からの信頼を積み重ねると共に、その範囲は徐々に広げていけるものです。そういった意味では、上手くいっている人への多少の嫉妬は効果的で、自分もどうすればそうなれるかを常日頃考えている人は上手くいきやすいです。

自分の力に対し、最初から過大な勝利をつかもうとせず、身の丈に合った目標に徐々にレベルアップさせていくことが、モチベーション高く生きていくための戦略ではないでしょうか。

自分のことをひけらかさない

人と関わっていると「この人は自分のことをスゴいと思ってもらいたいんだろうな」と感じる人がいます。たとえば、自分の知り合いにこんな有名人がいるだとか、こういう大会で賞をとっただとかというようなことをあの手この手で伝えてくる人です。

自分のスゴさを語るのが単純に気持ちいいという面もあると思うのですが、こういう人を見ると、「こんなに自分をスゴいと主張しなくてはいけないほど、どこか物足りなさを感じている人なのかな」と私は思ってしまいます。スゴさを主張しているのに、そのスゴさ自体には満足していないような、虚しさを感じるのです。

尊敬は、自分の実績や能力を必要以上に誇示しなくても、野球選手のイチローさんや大谷翔平さんのように、本当にスゴい部分があるのなら、本人がわざわざそれを強調せずともまわりが自然とスゴいと受け取るため、本人はむしろ謙虚でいます。

仮に本当に優れた実績があっても、「スゴいと思わせたい」という気持ちが強すぎる場合、結果として「この人、なんだか押しが強いな」「自分をやたらアピールしてくるな」という印象ばかりが残り、むしろ自分の品位を落とす結果になってしまいかねません。

自分のことをひけらかしてしまう人は、「本当の評価は他人が決めるものであって、自分でコントロールできるものではない」ということが分かっていないように思います。

たとえば、よく若者のSNSで、高級寿司店やブランド品、リゾートホテルで泊まった様子などを投稿している人を見かけます。これは、自分の「ポジション」や「ブランディング」ばかりを気にしてしまい、本質的にその人の価値を高めているわけではないのです。それが仕事でもあるインフルエンサーならまだしも、自身の生活を「盛って」発信することは、長期的に見てコストパフォーマンスがいいとは言えません。

こうした「自分を大きく見せる」行為は、ビジネス的にはマーケティングに近いものがあります。勘違いされがちですが、マーケティングは、単に知名度を上げて売り上げの数字を無限に増やせる魔法ではありません。マーケティングはあくまで、商品の価値に見合ったレベルで行わなければ、「宣伝と実体が違う」といった、消費者の期待とのギャップを生み、落胆を招きかねないものです。

「本当に価値のある商品だけれど、まだその価値が知られていない」というような場合にこそマーケティングは有効であり、スゴくない商品をスゴい商品に見せるのはマーケティングの出番ではないのです。

YouTuberが動画内で「チャンネル登録お願いします」と声かけすることがあります。これも、「私のブランディングに貢献してください」というマーケティング的な行為です。しかし、チャンネル登録するかどうかを決めるのは、あくまで視聴者です。結局のところ「チャンネル登録をしたい」と思わせられなければ、視聴者はチャンネル登録しないのです。登録したくなるような価値のある動画を出し続けることが最も重要なのであり、「登録してください」のひと声だけでどうにかなるものではありません。

もちろん、目標を宣言して応援を募ること自体はまったく悪いことではありません。むしろ、まわりに公言することで達成意欲が増し、協力者との出会いも得られるでしょう。ただし、虚飾の数字を並べたところで、本質に裏づけがなければ、長続きしません。そして、応援してもらって出した結果に対して「どうだスゴいだろ」などという態度でいては、応援されるものもされなくなってしまうでしょう。

価値を自分からアピールしなければ相手に評価されづらい場面というのは、就職活動や営業活動など一定の場面ではあります。しかし、あえて背伸びをして取り繕うと、あとで事前の期待とのギャップに苦しむようなことになりかねません。

もし、「自分のことをスゴいと主張しないと認められない」と感じるのであれば、まだ自分の活動や成果が自然と伝わるレベルには達していないということです。実績をコツコツと積み重ね、黙っていても周囲が噂したくなるような結果を出すほうが、長期的に見れば人間関係もキャリアも上手くいくのではないかと私は思います。

vol.3 なぜ人を殺してはいけないのか（近代）

みなさんは、なぜ人を殺してはいけないのかという疑問を抱いたことはありませんか？実際に誰かを殺したいわけではなくても、理由が曖昧だと「なぜ駄目なのか？」と疑問を感じることは自然なことです。私も中学生の頃に同じ疑問を抱いていました。ネット上の掲示板などでもよく語られるこの話題ですが、実は、哲学の世界ではすでに明確な答えが出ているのです。ここでは、その内容について解説していきます。

17世紀のイギリスの哲学者トマス・ホッブズは、著書『リヴァイアサン』の中で、国家や法律といったルールが存在しない社会を「自然状態」として描きました。そこでは、人々は欲望のままに行動し、法律や秩序が存在しないがために常に「殺されるかもしれない」という危険と隣り合わせで暮らしています。「自分が殺されないためには先に相手を殺すしかない」という不安定な状況が「万人の万人に対する闘争」と呼ばれるものです。

この不安定な自然状態から脱却するためには、人々が互いに「殺し合わない」という約束を守る必要があります。しかし、それを個人の良心だけに任せていては不十分です。そこで提唱されたのが「社会契約」という考え方です。これは、人間が「お互いに守るルールを決めて、みんなでそれを守ろう」と全員で合意する仕組みを指します。そして、そのルールを守らせるための強い力をもつ存在として、聖書に出てくる巨大な海の怪物「リヴァイアサン」のように強力な「国家」という存在が必要だとホッブズは主張しました。

ホッブズの考え方は、のちにロックやルソーといった哲学者たちによってさらに発展し、その流れの中で、アメリカ合衆国という国家が誕生したのです。多くの国では慣習や伝統に基づいて自然にルールが形成されていきましたが、アメリカ合衆国は憲法を基盤とする、完全に人工的に作られた国家です。その憲法の中で、法治国家として、すべての人に平等に法律が適用される社会の考え方が明確に示されました。

こうした思想はアメリカ以外の国にも影響を与え、日本も同様に西洋の「社会契約」の考え方を取り入れて近代国家として再編したのです。つまり、「なぜ人を殺してはいけないのか？」という問いの答えは「みんなで殺し合わないというルールを作り、それを守ることに合意しているから」です。

私たちは生まれたときからこのルールの中で暮らしており、そんな契約をどこかでした覚えもないので、あまりしっくりこないところもあるかもしれません。しかし、この仕組みの中で生きているからこそ、私たちは普通に生活できているのです。

仮に人を殺すことが許されていれば、自分も殺される可能性が常にあり、誰しもそんな世界で生きたくはないはずです。だからこそ、私たちは「人を殺してはいけない」という社会契約に、知らず知らずのうちに合意しているのです。

第4章

人間関係の解決策

〈テクニック編〉

第3章でふれたマインド編に対して、
本章では実践的に使える
テクニックを集めました。
小手先の対策のようなものもありますが、
何かみなさんのお役に立てれば幸いです。

人間関係は小学生向け書籍に学ぶ

ここ最近、人付き合いが苦手な理系の大学院生などの間で、小学生向けの書籍を読み、人間関係を「お勉強する」というのが流行っているそうです。これは、半分はSNSに投稿するためのネタとしてだと思うのですが、もう半分は本当に読むと役に立つという部分があると思います。

私自身もこうした書籍を実際に買って読んでみたのですが、専門家の監修なども入っていて、対象年齢が低くても意外と本格的かつ実用的な内容が書かれているのです。挨拶の仕方や、友達の作り方、人への謝り方なども含め、やさしく具体的に人間関係のコツが書かれていて、なかには盲点を突かれる部分がありました。

逆に、少し対象年齢を上げた書籍を読むと、「マインド」だとか、抽象的すぎて感覚的に理解しにくいことがドヤ顔で書かれていて、読んでいる最中に辟易としてしまった経験がある方もいるのではないでしょうか。

似たような話として、とあるホストクラブでは、キャストの接客のレベルを向上させるために小学生向けの国語ドリルで勉強をさせていると聞いたことがあります。これも、SNS向けのパフォーマンスとしての意味合いが大きいとは思うのですが、理にかなったことをしているとも思います。基礎力がないまま大学受験向けの現代文の問題を解くよりも、基礎を固める学習から始めたほうが効率も良いからです。

多くの人が教わらなくても身につける人間関係などの「当たり前」の感覚が、人にロジックとして説明されて初めて理解できるというアスペルガー症候群のような傾向をもつ方などは、基礎レベルの小学生向け書籍から人間関係を学ぶことができると思います。

私がそうした書籍を読んで勉強になったと感じたことを、いくつか紹介します。

▼人に話しかけられることはうれしいことである

私は、積極的に人に話しかけることが苦手なのですが、「人に話しかけられること」が嫌いなわけではありません。それは多くの人にとっても同様なようです。「話しかけたら失礼なんじゃないか」などと思って話しかけるのを躊躇するよりも、基本的には話しかける姿勢でいたほうが印象は良くなるようです。

話しかける内容に困るようなときは、相手のことや持ち物を褒める、といったことをするのが良いようです。心配や感謝を言葉にするというのも、普段頭では思っていても表現まではしないことが多いですが、積極的に言葉にできると良いようです。

▼自己紹介のメモを作る

「自分がどういう人間なのか」を定義することは本来難しいことです。ましてや、自己紹介をその場で考えて人に伝えるのは、至難の業でしょう。それよりも、自分が好きなことや、得意なことを一度プロフィールとして作り、「自分はこういう人間なのだ」と定めてしまうほうが、初対面で自己紹介をする際には便利なようです。

▼相手のことを聞く、一緒に何かすることで仲良くなれる

人と仲良くなるには、自分の思っていることを伝えるだけでなく、相手の話を聞くことも重要なようです。相手に自己開示をしてもらうことで、相手が親近感を覚えてくれるという心理があるようです。話の内容は、出身地や「きのこ派たけのこ派」といった他愛もないものでもよいようです。学校で行われる「意味のない雑談」とも思える会話は、「自分たちは敵ではない、仲間である」ということを「猿の毛づくろい」のように、お互いに確認しあう意味合いがあるようです。

▼相手の話に耳を傾ける

人の話を聞いているとき、聞いている姿勢が見せられないと、実際は聞いていたとしても相手は不安になる場合があるようです。人と目を合わせるのが苦手な人はつい、人の話を聞いているときに、全然関係ないほうを向いてしまいがちです。しかし、話をしている側からすると、相手のほうを向き、ほかにしていることはストップして、相手の言葉に集中している姿勢を見せてくれたほうが安心するのです。

相手の目を見ながら話を聞くのが難しい場合、眉間を見て、笑顔を意識し、うなずいた

り、相槌を打ったりして、話を聞いている合図を送ることが大事なようです。

また、話を聞いている中で、反例や疑問、アイディアを思いついても、話を途中で遮らずに、一旦相手の話が終わってから話すことが重要なようです。

▼事前に伝えていた場合は連絡、事後の場合は謝罪になる

約束が守れなさそうであることが事前に分かる場合、約束をする前に断ることがあってもいいということです。これは第3章の「否定しないことは『肯定』を意味する」（P151）で述べた、リソース管理の話と通じる内容ではないかと思います。

▼喧嘩をしたとき、自分から謝れば早期解決に繋がる

誰かと喧嘩をしたときに、自分から謝るのはプライド的に難しいかもしれませんが、謝ってしまえば、心のモヤモヤが晴れるため、自分から謝ったほうが良いようです。もちろん、子ども用書籍の内容なので、ビジネスの場などでも同様に「謝ればいい」とはいかないのですが、友人間・家族間・恋人間などの関係では先に謝って損はないでしょう。

▼自分のストレスに気付く

気分が落ち込んだり、やる気がなくなったり、怒りっぽくなったりしているとき、自分にストレスがかかり、心のコントロールが難しくなっていることを自覚できると良いようです。自分がイライラしていると、思わずキツい言葉を使ってしまい、人を傷つけてしまうようなこともあります。また、人からキツいことを言われたときに、相手は今ストレスが溜まっているのだな、などと考えられると視点が変わるかもしれません。

▼噂話をしない

人にとって知られたくないような噂を流すと、相手を傷つけてしまうかもしれません。広めた人自身も信用をなくしてしまいます。いいことを直接相手に話すようにしたほうがメリットが大きいです。

いかがでしょうか。小学生向け書籍なので実際はもっとやさしく書かれていますが、内容はなかなか的を射ているのではないでしょうか。なかには、職場のマネジメントやモチベーション管理などにも通じる内容が書かれていると思います。人間関係も勉強と同じように、しっかり基礎を固めることで初めて、より高いレベルに進んでいけるのです。

人への相談を思考の整理に活用する

人に相談することの意味とはなんでしょうか。それは、有益なアドバイスをもらうためではないかと思います。普通に考えればそうなのですが、どうも相談という行為にはそれ以外にも意味があるようです。

本書の執筆をする際、構成について行き詰まるときがありました。人間関係についての書籍と決めたはいいものの、ふれるべき内容は非常に多く、どうも構成がしっくりこなかったのです。何度か構成を書いては消すことを繰り返し、「もしや、この本は書いてもまったくおもしろくないのでは？」と、しばらく執筆が止まってしまうときがありました。

そうした中、担当編集者さんと打ち合わせがあり、訳が分からなくなってしまった執筆を前に進められる、何か魔法のフレームワークのようなものはないかと相談してみたのです。

私は、普段は人に相談をした経験がほとんどありません。有益なアドバイスを求めるにしても、基本的には自分でネットを使って調べれば解決するようなことが多く、自己解決をしてしまうからです。相談するにしても、弁護士や税理士などに専門的な知識を求めるものだという感覚がありました。そして、その編集者さんへの相談でも、そうした専門的な解決法を求めたのでした。

しかし、その相談から私は求めていた魔法のフレームワークを得られたわけではありませんでした。むしろ、打ち合わせの内容は今まで私が考えていたことをそのまま伝えただけに近かったかもしれません。しかし、それでもその後、私は執筆をスムーズに進められるようになったのです。

何が起こったのかといえば、自分の頭の中の構成のアイディアを一度外に出したことで、改めて自分の考えが整理されたのだと思います。それまで私は、「自分の中で完結していることは、人に相談する必要はない」というスタンスをもっていましたが、この相談の中で「相手から具体的な何かを得ない相談にも意味はある」ということを初めて理解しました。

アイディアがもともと自分の中にあっても、なんとなく気乗りしていなかったり、不確定要素があって、実行するのに無意識にリミッターをかけてしまっていたりすることがあるのです。そして自分の中で一旦保留にしている間に、検討する時間もとらなくなり、ひたすら判断が先送りになっているようなことがあるようです。

こうしたものを他人にぶつけ、その反応をリアルタイムに見ることで、自分が考えていたことが間違っていなかったことに改めて気付く場合があります。

これまで私は、恋愛などについて誰かに相談する人たちを見て、「抽象的で目的もよく分からないことをしているな」と思っていました。しかし、彼らが自分の考えを整理するために相談していたと考えると、ある意味で合理的な行動をしているのではないかと思えるようになりました。

他人の「どうでもいい」を利用する

人に「ランチ何食べたい?」などと聞かれて「なんでもいい」と答えた経験のある人は多いのではないでしょうか。すなわち、多くの人は、自分の中に常に明確な優先順位や意思を持っているわけではないのです。また、人に話しかける際に、嫌がられるのではと考えてためらいを感じる場合があります。でも実際には、話しかけられることで相手が何かしらネガティブな感情を抱くことは少ないのです。むしろ、話しかけられてうれしく感じる人や、喋ることを楽しいと感じる人が多いようです。

人は基本的に「どうでもいい」と思っているからこそ、「人に助けてもらう」「仲良くしたい人に自ら関わりにいく」といった、相手の選択肢をこちらから作っていける人間が強いのではないかと思います。そして「相手からの返信が遅い」など、自分が嫌われたかのような感覚をもつことがあっても、それは「嫌い」というほどではなく「どうでもいい」と思われていることが多いという認識をもてると良いと思います。そうすれば、嫌われていると思うよりは、悩むことも減るのではないでしょうか。

雑なコミュニケーションを認識する

人と関わるのが苦手だと感じる人は、相手のリアクションを必要以上に気にしてしまう傾向があるのではないでしょうか。私はそういうところがあります。

一方で、いわゆる「陽キャ」と呼ばれる人々、たとえばスポーツ系の部活動に所属している人たちのコミュニケーションを観察すると、彼らは相手のリアクションがそもそもあまり眼中にないようなのです。

私は最近、あるスポーツ系のジムに通っているのですが、そこでは体育会系の人たちが「ファイトォ!」と掛け声をかけ、相手はそれに対して「ウェイ!」と返事をする、といった光景をよく見ます。このとき、「ファイトォ!」と言った側は「ファイトォ!」と言ったことにすでに満足しており、「ウェイ!」の返答をあまり意識して聞いていないようなのです。「ウェイ!」が聞こえたときにはもはや関心が別の方向に移っていて、返事を一切聞いていないことすらあります。一方の「ウェイ!」という返事をした側も、「ウェイ!」

と言ったことで満足しており、それ以降の相手の返答を求めてはいないのです。

こうした状況は、コミュニケーションとしては空回りしているようにすら思えるのですが、どちらもそのことを特に気にしないため、不思議と自然なコミュニケーションとして成立してしまうのです。

私はそうした光景を傍から見ていて、「自分が言いたいことを発するだけの人間関係も不自然ではないのだな」という気付きがありました。「異なる階級間でのコミュニケーションは成立しない」（P20）では、動物的なコミュニケーションとして少しマイナスな書き方をしましたが、これはこれとして見習うところがあるのです。

YouTubeの活動の中でも、これと似たような感覚を覚えたことがあります。私はこだわりが強く、企画や編集のクオリティーに満足できずに悩み、結局何も公開できないといったことが頻繁にあります。一方で、編集作業なども雑なまま大量の動画を投稿し、成功している人も多くいるわけです。繊細さをもつことに明確なリターンがあるならいいのですが、このような場合はむしろそれがマイナスに働いているのです。

そもそも、YouTubeを始めるにしても顔を出すリスクがどうとか、パソコンの機材がどうとか、細かい部分で物事を複雑化して結局何もできないという人は想像以上にいます。よって、重要でない部分は、雑でいたほうがむしろ強いのだと思います。すべてに対して繊細になるのはコストがかかりすぎるのです。

話は変わりますが、お笑い芸人には「マンキン」という概念があるそうです。ネタで滑っていても目いっぱいのテンションでやり抜くというような意味なのですが、これにはお笑い芸人としての矜持的なものとは異なる他の意味合いも存在すると思います。

お笑い芸人の場合、スベっている状況そのものを楽しむような芸風も存在しますし、ドッキリのような特殊な状況では、その場にいる人は一切笑ってくれなくても、VTRとして見ているスタジオ側が大爆笑するという場合が考えられるため、目の前の人から何の反応も返ってこなくても、全力でおもしろいことを言い続ける必要があるのです。

私たちの多くはお笑い芸人ではないので状況は少し異なりますが、相手からの反応の有無に関わらずネタを出しきることに集中する態度や、それがキャラクターとしてメタ的に不自然ではない点には、見習うべきものがあるのではないかと思います。

コミュニケーションというのは、結構雑に作ってもおいしく完成してしまう、キャンプのカレーのような面があるのではないでしょうか。そこに正解はないはずなのに、真面目な人ほど会話を理性的に捉えすぎて、無数の選択肢の中から正しい返答を探し出さなければならない難しいゲームをしているかのような感覚に陥ってしまうのです。受験のように「これが正しくてこれは間違い」といった思考は、コミュニケーションには適用できないのです。

感情のクッションを意識する

あるアメリカ人の高学歴芸人と、有名な日本のネット実業家が対談している動画を見ていたときのことです。ネット実業家がある主張をしたときに、アメリカ人の高学歴芸人は、次のようなことを言いだしました。

「〇〇さん、本当に好きですよ。日本の幅をすごく広げているところ、高く評価していきます」

突然、話の流れにそぐわない告白をしだして、どういうことだろう?と感じたのですが、彼は次のように続けました。

「そのためにも、そうした奇抜な解釈は必要だと思いながら話を聞いているのですが、それは奇抜すぎますよ。あの……(以下反論)」

すなわち、この話しはじめの告白は、相手の意見を否定する前になるべくクッションとなるような前置きを述べ、冷静に相手に意見を伝えようとする技法だったのです。相手のことを尊重していることを述べたうえで反論を伝えることで、相手の感情的な反発を和らげた状態で自分の主張をしようとしていたのです。前置きだけを見ると、かなり冗長にも見えますが、議論の内容は、かなりセンシティブで感情的な反発を招きかねない内容だったため、彼はここまで丁寧な言い方から始めたのだと思います。

このように、相手を攻撃することなしに理解を促す伝え方の工夫は他にもあるため、いくつか紹介していきます。

▼自分の意図や感情を伝える

相手に、どうしても改善してもらいたいことがあるとき、直接的にそのことを伝えると、自分が意図していなくても「あなたは間違っていますよ」という、否定的なメッセージを送っているように捉えられます。このようなときに使える、自分の意図や感情を伝える前置きがあります。

「あなたを否定する意図があるわけじゃなくて、一部だけどうしても受け入れられないことがあって自分も困ってるんだけど、（以下指摘）」などとするると、冷静に話を聞いてもらえる可能性が上がります。かなり回りくどい伝え方ではありますが、発達障害をもつ方などは特に、指摘を受けると「相手に嫌われた」といった誤解をして感情的になってしまい、本来伝えたかった話から逸脱してしまうことがあるため、回りくどいくらいに伝えたほうがいいのではないかと思います。

▼理由を伝える

何かを断るような場合に、「なぜそれができないのか」を丁寧に示すと、相手が納得しやすいです。理由なく人に断られると、相手は「嫌われてるのかな」など、必要以上の疑念を抱いてしまうからです。たとえば「今は仕事が思った以上に忙しくて、その日は行けなさそう」とか「自分はゆっくりしたペースが好きで、そのやり方は合わない気がする」といったように、簡単にでも理由を添えられると、相手に納得してもらいやすくなります。

特に仕事関係では「この工程は◯日かかり、予算的に安すぎるので、受けるのが難しいです」というふうに、数字や事実ベースの説明をすると効果的だと思います。

▼抽象的な語彙を使う

政治家が「懸念を表明する」とか「遺憾の意を示す」といった抽象的な言葉を使っているのを聞いて、核心が分かりづらいと感じたことはないでしょうか? これは、発言の解釈の余地を残すことで、直接的な批判や過度な感情の刺激を防いだりする狙いがあるそうです。

こうした言葉遣いは、私たちの日常でも否定を表明するときに便利に使うことができます。たとえば、気乗りがしないお誘いに、「検討します」などと政治家のような表現をすると、その言葉はいかようにも取れるので、感情的衝突を避けられます。他にも、人が出してくれた手料理があまりおいしくなかったときに「ユニークな味だった」などと抽象的な言葉を使って、婉曲的に感想を言うことも可能でしょう。

ただ、こうした言葉は直接的な表現ではないため、発達障害の方など、はっきりと伝えないと伝わりにくい相手には何も伝わらない場合があり、その点は注意が必要です。

▼相手の気分を量る

マイナスなことにふれる際には、相手の気分がいいときを選ぶというのも、有効な技法ではないかと思います。人間、寝不足なときやお腹が空いているとき、何か嫌なことがあったときというのは、ちょっとしたことでも過剰に反応してしまうものです。相手がそうした状態にいそうなタイミングでNOを突き付けると、逆上させてしまうことになりかねません。逆に、相手の気分がいいタイミングを狙って、ちょっと気になることをノリでネタっぽく伝えるというのは有効です。

「今日の資料作成、マジで良かったよね♪」
「いや〜先輩が普段からパワハラしてくれるおかげっすよ！」
「そんなこと言うなよー笑」

このような形で、相手の気分がいいときに軽くいじりを入れるような指摘をすると、もし相手が何も自覚していなかったような場合、あとで「もしかして、自分ってパワハラしてたのか？」など冷静な振り返りができる機会を与えられます。

建前の裏に隠された「本音」に気を付ける

ＡＳＤ（自閉スペクトラム症）の特性をもつ人は、相手の言葉を文字通り受け取ってしまいがちで「建前と本音の区別がつかない」と感じるケースがあります。

たとえば私は、ある人に「いつでもいいよ」と言って依頼された仕事を、丸１年ほど放置していて、今でも手をつけていません。もちろん、本当にその言葉を鵜呑みにしているというよりは、その言葉を言質として、なかなか手をつけられない言い訳にしたかったというのもあるのですが……。

しかし、相手からすれば「いつでもいい」と言ったとはいってもさすがに限度というものがあるはずで、１年も仕事を放置されていたら、こちらへの信頼が揺らいでくることにも繋がりかねないでしょう。

私は、こうした経験から、相手が寛容な条件を出してきたときに、本当は暗黙の条件が相手の中にあるのではないかと考えるようになりました。たとえば「いつでもいいよ」の例にしても、「いつでも」という言葉が抽象的なので「どれくらいまで大丈夫ですか？」と具体的に条件を確認するのです。このようなすり合わせを事前にしておけば、お互いの認識のズレは減り、人間関係のトラブルも未然に防ぎやすくなります。

また、飲み会の場などでは、ノリで「出資する」だとか「一緒に住む」だとかいった話が出ることがあるのですが、これを真に受けてあとから話を掘り返すと面倒くさい人間と思われかねません。本当にその場で出た話を進めていきたいのであれば、飲み会でのノリをそのまま確定事項として話すようなトーンではなく、改めて後日「あれは本気で進めちゃってもいいですかね……？」などのジャブを打つことが大事になってくると思います。

また、仕事を依頼する際も「いつでもいい」といった、いかようにもとれる言葉は安易に使わないよう注意が必要です。そもそも人間は、期限が決まっていない仕事はあと回しにして、期限が迫って急いで動き出すということがほとんどなので、「いつでもいい」を真に受けていつまでも動かないということは頻繁に起こるのです。依頼する側として「いつでもいい」といった抽象的な言葉は、のちのちのトラブルに繋がりかねないために使うことを避け、期限を決めておくことは重要なことだと感じます。

「機嫌がいい感じ」を演出する

人間関係において、機嫌が悪い状態でいることにメリットはほとんどないでしょう。逆に、機嫌良くいることはノーリスクで、周囲からの印象を良くすることができます。

いわゆる「陽キャ」のように常にハイテンションでいようという意味ではありませんが、私たちは自然にしているだけでもムスッとした感じを出してしまっていることは少なくありません。そこで、機嫌がいい雰囲気を出すために、次のようなことを意識できるといいのではないかと思います。

・口角を上げる
・挨拶をする、感謝の言葉をしっかり伝える
・ネットで「怒っている人」に触れない、エゴサをしない
・文章に「！」を付ける、絵文字やスタンプを活用する

いわゆる「メンヘラ系」の人は、気分の浮き沈みが激しいため、不機嫌なときの彼らと

は、関わっていると本当にむかつくのですが、ご機嫌なときは子どものように上機嫌でどこか憎めない、人を引きつける面をもっているのも事実です。このように、ご機嫌でいることには、多少のデメリットや短所を覆い隠してしまうほどのメリットがあるのです。

一方で、「機嫌の悪さ」を、周囲をコントロールする手段にしてしまう人もいます。上司がイライラした態度で部下に圧をかけて動かそうとするようなケースです。その場では一時的に思い通りに動かせるかもしれませんが、結果的に周囲のモチベーションが下がり、人間関係が悪化する可能性が高いです。機嫌の悪さを露骨に表に出すのは、いわば子どものように幼い態度であり、トータルで見ると損失のほうが大きいでしょう。

そして、私たちは普段、疲れていたり、寝不足だったり、お腹が空いていたりすると、気付かないうちに機嫌が悪くなってしまうものです。そういった自分の状態を観察し、状態が悪いと感じる場合は、無理に人と関わって悪い印象を与えるよりも、休養をとるなどして自分の状態を整えるほうが良いです。

仲が悪くなるときの取り決めをする

ＳＭの界隈には「セーフワード」と呼ばれる仕組みが存在するそうです。ＳＭプレイ中だと、「嫌だ」という言葉だけでは、演技なのか本気なのか分かりづらい場合があるため、「これ以上は本当に嫌だ」というラインを越えないように、合図として特定のキーワードを決めておくのです。もしそのワードが出たら、何があっても即座にプレイをやめる、というルールを共有しておくというものです。この仕組みがあるからこそ、「本当に嫌だったらやめてもらえる」という安心感が生まれ、心から関係性を深められるようです。

ちなみに、なぜ自分にＳＭ界隈の知見があるのかは、自分でも分かりません。

人間関係のトラブルやケンカがヒートアップしたときに、同様に「合図」を決めておくことで同じような効果が期待できると思います。たとえば、言い争いを頻繁にしてしまうような関係性では、「ケンカがヒートアップしてきたら各自が別の部屋で1時間落ち着く」などと事前に取り決めをしておくといいです。

取り決めなしにこれをその場で実行しようとしても、面倒くさい相手の場合「逃げるのかよ」などと挑発的なことを言ってくるような場合があります。そうした煽りに乗せられ、その場の感情的な対立がエスカレートしてしまうと、周囲を巻き込んだり、暴力沙汰に発展してしまったりすることにもなりかねません。

こうした「仲が悪くなったときの取り決め」は、ビジネスの場でも重要です。たとえば、仲間内で会社を立ち上げる際は、創業者間契約を結ぶことが大切だといわれています。「もし途中で嫌になって抜ける場合は、これくらいの金額を支払って株を手放す」など、トラブルが生じたときの対処法をあらかじめ契約書に明記しておくのです。こうした契約がないまま「なんとなく」でスタートしてしまって、のちのち「株を持ち逃げされた」とか、「詐欺だ」とかいった泥沼に陥ったというのは頻繁に聞く話です。

「関係が悪くなったときのことなんて考えたくない」と思って、人間関係は曖昧なまま進めてしまいがちですが、事前に万が一のための取り決めをしておくことは、むしろお互いを守り、長期的に見て、関係を良好に保つために重要なことではないかと思います。

トラブルを「ネタ」として昇華させる

人間関係のトラブルに巻き込まれたとき、正面からぶつかるのではなく、「ネタ化」してしまう視点を持つと、上手く場を切り抜けることができる場合があります。

お笑い芸人のダチョウ倶楽部の定番ネタにも、最初はケンカ腰の口論から始まり、最終的にはなぜかキスをするという展開がありますよね。あの流れによって、最初は険悪に見えた空気を、結果的に笑いと和やかさに変えることができているのです。

YouTuberなどはまさに、こうしたトラブルのネタ化が上手な方が多いです。いわゆる「プロレス」と言われているもので、炎上や人間関係のトラブルが起きた際、本気になって相手を攻撃するような様子を見せると「マジになっちゃってる人」と見られてしまい、分が悪いのです。どちらかといえば、バチバチ感をエンタメ化し、衝突を素材にできてしまう人のほうが、大衆心理をつかんで再生回数やチャンネル登録者数を増すのが上手い傾向にあります。

私自身も、何か気に食わないことやトラブルが起きたとき、感情的な発信をするのを抑えて、常に「この状況をネタに変えられないかな？」と意識しています。

ユーモアで切り返す人ほど「自信があって頭の回転が速い」という印象を与えやすいといったことは、科学的な研究でも分かっているそうです。「私はあなたにいろいろ言われているけど、ユーモアで返せる程度の余裕はあります」ということを示すことができるのですね。

そして、この考え方は、私たちの普段の人間関係でも応用できると思っています。

たとえば、職場で「お前は本当に何も知らないんだな」などと嫌味を言われたとき、感情的にならずに「いやぁ、でも頭空っぽのほうが夢を詰め込めるんですよ」などと少し冗談っぽい返しができれば、相手を正面から否定することもなく、ネガティブ発言をやんわりと否定することができるのです。

人に嫌味を言われたとき、繊細な人ほど何も言えなくなって、黙り込んでしまったりするものですが、言われっぱなしの状態にしてしまうと、相手は「自分のほうが上だ」と感じ、さらに攻めの姿勢を強めてしまう可能性があります。

ユーモアで返されると、攻撃した側もそのまま攻め続ける意欲が低下します。こちらが冗談で受け流しているのに、いつまでもカリカリと攻撃を続けるのは、みっともない行為のように感じられるからです。むしろ、「この人、自分を笑わせようとしてくれてるのかな？」という好意的な見方を与え、気が付けばお互い笑顔になっているという展開も十分ありえます。

相手への返しに、ネタなんて思い浮かばないというときにおすすめなのが、自虐ネタです。

「お前って本当にプライド高くて性格悪いよな」

「いやー、よく言われるわ……。俺みたいなプライド高いやつってこの世で一番嫌われるよな……」

このように返すことができれば、相手の攻撃に対して軽い自虐で「分かってはいるから、そんなに言わないでね」というサインを示すことができるのです。

「他人からの紹介」の強みと弱みを理解する

私は、積極的に人と知り合うことが得意ではないので、新しく人と知り合うとき、既存の知り合いから別の人を紹介されるということがしばしばあります。この「他人からの紹介」による人間関係の作り方には、メリットがある一方で、逆に紹介だからこそ感じるデメリットもあります。ここでは、その両面を整理してみたいと思います。

自分を他人に紹介してもらうことのメリットは、信用を築く段階をある程度スキップできることだと思います。たとえば、私がフリーランスとして仕事をするときも、自力で新規の会社の仕事を受けるより、他人から「この人は優秀でいいよ」といったお墨付きをもらう形で仕事を受けたほうが、条件が良くなる場合が多いです。銀行との取引などでも、自分だけでは断られるものが、紹介では上手くいくといったケースがあるようです。これは「紹介してくれた人の信用を、ある程度借りることができている」ためです。そのおかげで、相手との間にすでに一定の信頼度が構築されるわけです。

また、たとえば「〇〇が得意な人を探したい」という場合、Amazonのレビューのように簡単に評判をリサーチできればいいのですが、現実にはそうはいきません。結局は知り合いのネットワークをたどって、評判を聞いてみなければ分からないことも多いのです。

一方で、人から紹介された人と関わるとき、私は関わりづらさを感じることも多いです。紹介の場合、相手と信頼を築く段階をスキップしている分、自然にでき上がった人間関係よりも共有した時間が短く、自分のもっている情報量と関係値のギャップが、ある意味不自然だといえるのです。相手のことに中途半端に詳しくなる一方で、心の距離は縮まっていない状態となり、人間関係としては少し気まずさが生まれるような感覚があります。

紹介された人からしても、あくまで「紹介者経由」での人間関係という形になりがちで、そこから二人で意気投合して旅行に行くといったような関係には移行しづらいでしょう。

つまり、人から紹介されることは、あくまで信頼性が必要な場合や、ビジネスのような利害関係の場で有効なのであって、純粋に「誰かと仲良くなる」というような場合には、向いていないやり方なのではないかと思っています。

そして、他人から人を紹介されるというのはある意味、受け身の状態でも人と関われるという点で、ラクではあるのですが、人間関係の主導権を失うということでもあります。

たとえば、同じプロジェクトを進めるときに、紹介でチームに入れた人のパフォーマンスがあまり良くないような場合に、自分が直接チームに入れたわけではない人にあれこれ言いづらく、流れでそのまま関わることになってしまうようなリスクがあるのです。

さらには、直接知り合っていれば必要のない仲介料が発生することすらあります。具体的には、「何かアドバイスをする代わりに、毎月コンサル料を取ります」というようなケースです。自分が相手に紹介「してもらう」のはまだしも、誰かを紹介「される」場合、その関係に何かしらの「意図」が含まれていないか注意が必要です。

直接自分で知り合った相手なら、気軽にノリで無料でも有益な情報を得られることもあるのに、紹介で知り合った相手には、いつまでもそのような対等な関係にはなれないのです。

このように、他人からの紹介を受けることにはメリット・デメリットのどちらもあるため、状況や目的に応じてその違いを理解することが重要ではないかと思っています。

個人的には、直接的に知り合う相手ももちつつ、間接的に紹介してくれる人もいるという立場をとれるのが一番だと思います。選択肢がひとつしかないと、自分で出会った関係にしろ、人から紹介された関係にしろ、自分の立場が弱くなってしまいます。そのため、人脈を作るにしても選択肢を増やすことが大事だと思います。

人間関係を維持するためにモメンタムを作る

新しく知り合った人との関係で、その日はスゴく仲良くなれそうな感じがしたけど、しばらく関わっていないうちに関わりづらくなってしまったといった経験をしたことがある方は多いかもしれません。ここにはモメンタムの問題があります。

モメンタムとは、「勢い」を指す言葉です。一度勢いづいた人間関係は、しばらくはそのまま慣性で進んでいきますが、停滞してしまうと、徐々にモメンタムが失われて関係性も同時に薄れていきます。逆に、同じ目標を共有し合ってそれに向かっていくとか、共通の敵が現れるとかいった「イベント」が起こればモメンタムはさらに強くなり、人間関係の結束は強くなっていきます。

しかし、そうした少年漫画のようなイベントは、現実では発生することなく、人間関係がダレて繋がりが失速してしまうような場合が多くあります。そこで必要になるのが、意図的にモメンタムを生むための工夫です。

学生時代に文化祭や体育祭などのイベントが定期的に開催されるのは、まさにこのモメンタムを生む意図があるのかもしれません。社会人の場合でも、チームを上手く回すリーダーたちは、このモメンタムを意図的に生むのが上手いです。たとえば、大きなゴールだけを掲げて仕事をしていても、道のりが長くマンネリ化してきて離職者などが生まれていってしまうことがあります。そのため、目標を細分化して達成ごとにお祝いをすることを制度化していたりするのです。

また、イベントがなくても、接点をもち続けたい人とは定期的に連絡を取り続けるのも有効でしょう。年賀状や暑中見舞いといった文化も、そのように接点をもち続けるための工夫だともいえるのではないでしょうか。

SNS上で「いいね」するなどの簡単なアクションでも接点は保てますし、用事がなくても月1回食事に行くといったことを企画すると良いのではないかと思います。「最近このチームダレてきてるな」「最近あの人と関わってないな」と感じたときに、意識的にモメンタムを作っていけば、長期にわたって良好な関係を築いていくことができるでしょう。

vol.4 社会の発展と人間関係の変化（近現代）

原始時代のような安全の欲求や、ある程度の安全が確保された中世の時代などで生まれた所属や愛の欲求が満たされた状態で、次に人間が求めたものはなんでしょうか。

マズローの欲求階層説によれば、それは承認欲求や自己実現の欲求です。それを満たすには、社会階級や権力といったものが深く関係してきます。

現代の複雑な人間関係が生まれたのは、資本主義社会が成立してからでしょう。それ以前は、利害関係は部族間や国家間のような大きな集団単位で表面化していましたが、資本主義の浸透によって「上司と部下」「資本家と労働者」のような役割による階層が個人間にも入り込んでいったのです。その結果、

マズローの欲求階層

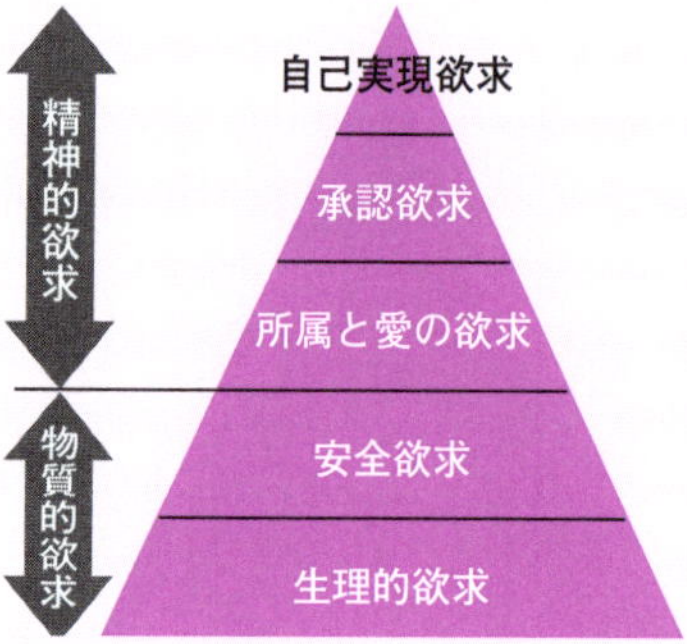

常に一人ひとりが集団よりも個人の利害を計算しながら人間関係を構築するようになっていきました。これが、現代の私たちの人間関係の悩みの種になっている側面が大いにあります。

こうした変化は、長い歴史で見るとつい最近起こったものであり、都会に住んでいる現役世代の人が、田舎の親戚と会ったときですら、集団意識の感覚の違いに異文化的なギャップを感じることがあるのではないかと思います。

そうした現代社会の仕組みを否定し、新しい秩序を作ろうとした試みもあります。その一例が「原始共産制」といわれる思想です。この考え方では、階級支配がなかった狩猟採集社会を理想とし、すべての人間が平等だった時代への回帰を目指します。

カンボジアのポル・ポト政権は、この思想に従っていた例として有名です。ポル・ポトは「社会が原始的な時代に戻ったら社会格差がなくなって幸せなのではないか」という理念で、知識人や大人は信用できないとして抹殺し、軍人や医者を子どもばかりにするなど、急進的な政策を行いました。そうした結果、みんなが子どもの頃のように格差なく関われる社会ができたら幸せだったのですが、最終的に人口の3分の1を失うほどの大失敗に終わりました。

現代においても、共産主義にそうした平等の理念は残っています。たとえば、中国では「共同富裕」というスローガンのもと、すべての人が共に豊かになることを目指しています。主要な企業は国営で、建前上、その収益は国民全体の財産として平等に豊かさを享受できるとされています。

しかし、共産党という一政党の一人の主席が長期にわたって政権を握っているような実態は、階級社会の一形態でしかないように思え、本当の意味で平等な社会が実現されているのかには疑問が残ります。

こうした事例は、私たちが置かれた資本主義的な格差社会から、もはや逃れられないことを示唆しているのかもしれません。

人間関係の未来

▼AIは便利だが「おもんない」

近年世間を賑わせているAIですが、私も普段から仕事で一般の人以上には活用をしています。エンジニアとしての仕事では、出力したプログラムが、そのまま貼り付けて使えてしまうことも多く、今では欠かせないツールとなっています。

実際この書籍の原稿執筆にあたっても、一部AIの助けを借りています。もはや専門的な知識の幅や精度では私はAIにはかなわず、上手く活用することで、私のような素人でも専門家と同等レベルの補足を盛り込むことが可能になってきているのです。

しかし、AIではまだ不十分な点があるのも事実です。当初は「AIがあるから前著よりもラクにサクッと完成させられるかな」といった想定をしていたのですが、いざ執筆にとりかかってみるとＡＩが書いた文章をそのまま使える箇所というのは思った以上になかったのです。２０２５年１月時点で最も優秀とされる、利用料が月額３万円ほどのモデルを使っても、それはさほど変わりませんでした。

そのため、当初思い描いていた「ラクに執筆を終える夢」ははかなく散り、ほぼ全文の原案を私がしこしこと書くはめになりました。ＡＩは、構成や文字数の調整、知識の補足といった活用方法にとどまっています。

書籍の執筆や編集といった仕事は、すぐにＡＩに取って代わられるような印象がありましたが、実際に取り組んでみると、現段階ではまだ人間の考える力に及んでいない部分があるように感じます。プログラムのように正解が明確にある分野とは異なり、本の執筆では必要とされる要素が多様にあるため「自分が思ってたのと何か違う」という結果が多く出てしまったのです。

そこで「ＡＩに足りなかったのは何か」を私なりに考えたところ、以下の点が挙げられます。

・マクロに文章を展開する力
・ユーモア
・思想や経験
・かわいげ

もちろん、今後のモデルの進化によって改善できる部分だとは思いますが、マクロに文章を展開する力やユーモアに関して、現段階では私は物足りなさを感じました。「過去のデータを大量に学習したＡＩ」が「今まで世の中に存在しなかった新たな視点」を含む文章を生成するのは、難しい部分があるのかもしれません。

さらに、より顕著だと感じたのは、思想や経験、かわいげといった人間味の欠如です。その結果、書籍などで重要となる「その人が書いた文章ならではの説得力」には欠けている印象を受けました。

VTuberの派生としてAITuberというのがあります。VTuberにはキャラクターの裏に「演者」がいるものですが、AITuberには演者が存在せず、発する言葉をすべてＡＩが考えるものです。このAITuberですが、目新しさはあるものの、明確に成功している例はまだ出てきていません。私もAITuberのライブを見たことがあるのですが、相手の背景にあるストーリーや癖といったものに興味を抱きにくいのです。この経験から、私は「人が興味をもつのは、その人ならではの要素なのだ」ということを改めて実感しました。

▼働かなくても生きていける未来が来る？

今後、ＡＩやロボットがより発展することで「人間が働かなくても生きていける時代が来る」という夢のような話も耳にすることが増えました。考えていてワクワクするので、私自身もこの考え方には賛同します。

実際、歴史を振り返ってみても、生産性はテクノロジーの進化によって各段に向上し続けています。そのおかげで、かつてない豊かな暮らしが可能になっています。しかし現状では、労働の「搾取」により富が偏在するなどの問題があるため、多くの人が「働かなくても済む」状況にはなっていません。しかし、ＡＩやロボットがこの生産性の飛躍をさらに加速させてくれるのであれば、労働から解放される人が増えていく未来も期待できるのではないかと思っています。

そんな社会がありえるのかという話ですが、似たような構造となっていたのが古代ギリシアのアテネです。古代のアテネでは奴隷制度が存在し、いわゆる「市民」と呼ばれる人々は基本的に働かずに、日々ひたすら哲学的な議論や芸術的な活動をするような生活を送っていたのです。こうした奴隷の役割をテクノロジーが担っていくのではないかとイメージしています。

もっとも、現代でもこれに近い暮らしをしている人はいると思います。それは、皮肉にも社会の底辺に位置する人たちです。残酷な話ですが、「働いたほうが足手まとい」になってしまう人というのが存在し、そうした人は現代の社会のセーフティーネットを使って生活をしているわけです。社会的立場は低いのかもしれませんが、ある意味では貴族的な生活を送っているのです。

私たちの多くは、今はまだ働くことで何らかの価値を生み出すことができますが、将来的にはＡＩやロボットの進化によって、同様に「働いたほうが足手まとい」の側になり、セーフティーネットのようなもののお世話になって生きるのではないか、という想像はありえないものではないでしょう。

▼どういう人が魅力的になるのか

人間関係を築くうえでの、相手の評価基準はどのように変化するのでしょうか。働く必要がないとなれば、お金が評価基準として機能しなくなり、「お金をもっているからこの人と付き合う」だとか、「仕方なくこの会社で働いている」といったような状況は減っていくと思われます。

お金が人々を評価する物差しではなくなるため、「異なる階級間でのコミュニケーションは成立しない」（Ｐ20）で挙げた問題もなくなっていくかもしれません。

私たちが「どうして昔の人は宗教なんか信じていたんだろう」と思うのと同じ感覚で、未来の人は「どうして昔の人はお金なんかに苦しんでいたんだろう」と思うようになっていく可能性があるわけです。

では、従来は価値が高いとされていた「賢さ」はどうでしょうか。ＡＩが専門知識や論理的な情報処理を簡単に行ってしまうため価値が下がっていくでしょう。

「独自の発想」「創造力」「ユーモア」といった人間特有の能力は、しばらくの間はＡＩと差別化ができるものかもしれません。本書を執筆するうえでも、もはや専門家のような「客観的情報」を書くことの価値は薄くなり、逆に以前は情報的価値が低いとされがちだった「主観的な意見」や「マインド」のほうが価値が高まるのではないかということを意識し、そうした色を少し濃くしてみました。しかし、これらもやがてはＡＩの進歩により能力が上回られてしまい、価値が薄まってしまう可能性があります。

では、ＡＩが持ち合わせていない、労働をするための「肉体的な強さ」はどうでしょうか。ロボットが労働で代替される時代が来た場合に、それらがどれだけ重視されるのかは疑わしいです。

さらに現代では、ルッキズム的に重視される「見た目」すら、整形などの技術の向上やメタバースのような世界の出現により、いくらでも自分の好きなようにできるようになってきており、今後は外見そのものへの興味やその価値が薄まるでしょう。

このように、ＡＩやロボットの発展が私たちの価値観を大きく変えてしまうかもしれないのです。では、今後も変わることのない私たちの価値とは何なのでしょうか。

▼道徳主義の時代

私は、そうした未来の人間関係において魅力となってくるものは、「誠実さ」や「思いやり」のような精神的なものではないかと思います。

現代の感覚ではきれいごとのようにも受け取られかねませんが、私は、そういう時代が来る可能性はあると真面目に思っています。現代が資本主義の時代だとすれば、道徳主義の時代が訪れると言ってもいいかもしれません。社会の仕組みや評価基準が変われば、人間関係やコミュニティーのあり方も大きく変わる可能性があるわけです。

私たちは学校の授業で道徳を習いますが、どこかその内容を小馬鹿にするような感覚を抱いてしまう節があります。しかし、将来はそれをみんなが本気で学んでいくような時代が訪れる可能性があるのです。実際、かつては道徳を追究するような宗教家は、人々から尊敬され、高い地位にいました。中国では、つい最近の20世紀まで科挙という試験で国家公務員の採用を行っており、儒教という道徳的な教養をどの程度もっているかが、その人の社会的地位を決定する基準とされていました。

しかし、資本主義の進展に伴い、お金で物事を判断する社会になったため、宗教や道徳の価値は相対的に低く見られるようになったのです。これは、今までお金によって判断基準が乱されていた私たちの人間関係が、助け合いや相性を重視するという、より本能的なコミュニティーを重視するものへ原点回帰していくものと言えるかもしれません。

さらに、そうした社会の到来は、資本主義下で生まれていた「妬み」や「不安」といった負の感情を和らげるかもしれません。強盗や闇バイト、迷惑系YouTuberのように、人を傷つけたり不快にさせたりすることで得をしようとする人は徐々に減っていくのではないでしょうか。

第1章で、「夜職」や「いただき女子」のような生き方に触れたのは、まさに「道徳観をないがしろにして、お金を稼ぐ」というその姿勢が、現代的すぎると感じたからです。

世の中の価値基準は変わっていくものです。世の中がクリーンになった結果、過去には見逃された「いじめ」を語ったインタビューが問題視され、人生に大きなダメージを負うことになった有名人の存在などは記憶に新しいのではないでしょうか。

私たちが今求めている「お金」は、将来それほど重要なものではなくなるかもしれないし、もっと道徳が重視されるような社会になって「あいつは昔、ひどい稼ぎ方をしていた」なんて言われるようになるときが来るかもしれません。そうした中で安易に「自分だけが得をする」手段に走るのは、将来的に自分を苦しめる可能性があるのです。

もちろん、こうした未来が本当に到来するのかどうかは分かりませんし、実現するとしてもまだずっと先の話かもしれません。単純に、私がそうした社会になるといいなという意味合いも込めて、未来の人間関係について書いてみました。

ガンジーの言葉に「見たいと思う世界の変化に、あなた自身がなりなさい」というものがあります。まさに自分の意志や行動でインドに変革をもたらしたガンジーらしい言葉です。人間が何をもっているかよりも、どのような心のあり方をしているかが、本当の豊かさに通じる鍵だと私も思います。

あとがき

くぅ～、疲れましたw

本書は、私自身の人間関係の経験から得てきた気付きを記述してきました。

本の構成から、伝えたいメッセージが少しぼやけてしまったかもしれないのですが、改めて伝えたかったことをまとめると、次の4点です。

・格差社会と、異なる層との関わりづらさ
・現実を認識すること
・他人に委ねず自立すること
・道徳的に生きること

なかには、「そんなの当たり前に知っているよ」という内容もあったかもしれません。それでも私にとって、それは三十年近く生きてきてやっと分かってきた「真理」のように大事なものなのです。

ＡＳＤ（自閉スペクトラム症）のような発達障害は、普通の人より数年遅れてから「覚醒」する場合があるといわれています。普通の人なら雰囲気でつかめるようなことが分からず悩んできたところに、経験をある程度積んで発達が追い付いていくと、ある段階で普通の人以上に高い解像度でものごとを理解するようになることがあるのだそうです。まさにここ数年、そのような「覚醒」をしている感覚が私にもあります。そして、私は気付いた原理原則を、自由研究のような形でもいいので、世に残したくてたまらなくなってしまったのです。

正直なところ、2度の書籍執筆をしてみて、この作業はまったく割に合わないもののようにも感じます。執筆時間にして1冊に１００時間程度はかかっているのではないでしょうか。また、執筆内容の構想期間も含めてしまえば、より膨大な時間がかかっています。そうした時間を、YouTubeの動画制作に使っていれば10本くらいは投稿できたかもしれないし、書籍を販売して入ってくる印税がその労力に見合ったものかといえば微妙でしょう。私のフォロワーには、書籍を出すことに良くないイメージをもつ人もいるようで「そんなことをする人だと思わなかった」なんて傷つくことも言われます。

しかし、今作については、誰かに促されて始めたのではなく、自分でやりたくて始めたことです。私はそういう、合理的ではない謎のこだわりによる行動がやめられないのです。

なかにはかなりきれいごとのようなことも書いていますが、特に偽りの感情はありません。私は「冷笑系」の人間だと思われがちなようですが、冷笑したくてしているというよりは、世の中のものごとの本質が理解できず、疑問を投げかけている姿が結果的に冷笑しているように見えてしまうのだと自己分析しています。

前著『正しい孤独マインド入門』では、「学校で友達ができず孤独だ」「集団になじめない」といった悩みに対して、孤独な環境下で育てるべきマインドやその手法を紹介しましたが、本著では、そうした孤独感ではなく、人間関係というマクロな概念をどう捉えるかにフォーカスを当てました。前著を出版したときの私はインフルエンサーとして勢いがついてきたところでしたし、そうした中で、ブランディング的にも心理的にも、身動きがとりづらく、少しお堅く仕上げたような書籍でした。そうした状況と比べると、本著に関しては、もはやインフルエンサーとしての活動に執着せず、気軽に制作を進められたと思います。

たとえば、カバーは全面にイラストを入れて少しポップにしてみたり、残酷なルールを列挙する形で読みやすい構成にしてみたりと、ある程度の俗っぽさもありなのではと、「遊び」をもって制作に取り組みました。それは、私自身が「丸くなった」とも言えますし、「こだわりがなくなった」とも言えるので、どちらが正解といったことはないと思います。しかし、本書に通じる内容ですが、私としてはもう他人の軸で何かに悩んだり、意思決定をしたりするのは「もういいや」と思っているのです。たとえ「思ってたのと違う」とか、「こんなことをしないでほしい」とか言われても、それは他人の感想でしかないわけです。

もちろん、人に求められているものは無視し、自分がやりたいことだけを優先すればいいかというと、そうではないと思います。その間のちょうど良い塩梅を見つけることこそが大事で、真の実力や発想力が求められるものだと思います。その取り組みにおいて、本書に妥協した点はありません。私は本の出版に限らず、世の中に公開するものに対してこだわりがあります。協力していただいた編集者さんや、デザイナーさん、イラストレーターさんなどにも細かい指示を何度もくり返して行い、おそらく「こいつ、めちゃくちゃ面倒くさいやつだ……」と思われているでしょう。読んでくださった方含めて、みなさんに感謝の意を表します。

ただ、このこだわりは「常に全力を出しきりたい」といった、スポーツマンシップのような美学というより、変な執着を無視できないアスペルガーの特性でしかないのですけどね……。

また、本書を気に入ってくださった方は、よろしければAmazonなどでレビューもお願いできますと幸いです。前著では、どういった鋭い指摘が入るかびくびくしてしまい、レビューをあまり見られませんでした。しかし、今回の執筆にあたって確認したところ、想像以上に反響が良くて興奮してしまったのです。

ここまでお付き合いいただき、本当にありがとうございました。

コスメティック田中

参考文献

- 『学問のすゝめ』（福沢諭吉／岩波書店）
- 「生まれ月とスポーツ参加との関係」（勝亦陽一）
- 『The Winner Effect』（Ian Robertson／Bloomsbury Publishing Plc）
- 『時間最短化、成果最大化の法則 ―― 1日1話インストールする"できる人"の思考アルゴリズム』（木下勝寿／ダイヤモンド社）
- 『The Subtle Art of Not Giving a F*ck』（Mark Manson／Harper）
- 本当の退職理由に関する調査レポート（エン・ジャパン）
  https://corp.en-japan.com/newsrelease/2024/38267.html
- 『攻撃の心理学』（著:B.クラーエ, 翻訳:秦 一士, 湯川進太郎／北大路書房）
- 『ケーキの切れない非行少年たち』（宮口幸治／新潮社）
- 『アドバイスしてはいけない 部下も組織も劇的にうまくいくコーチングの技術』
  （著:マイケル・バンゲイ・スタニエ, 翻訳:深町あおい／ディスカヴァー・トゥエンティワン）
- 「幸福感と自己決定―日本における実証研究」（西村和雄, 八木 匡）
- 『私の個人主義』（夏目漱石／講談社）
- 『もういちど読む山川哲学―ことばと用語』（小寺 聡／山川出版社）
- 『ちいかわ お友だちとのつき合いかた』（イラスト:ナガノ, 監修:加藤裕美子／KADOKAWA）
- 『わたしもHappy みんなもHappy【ハピかわ】こころのルール』
  （監修:伊藤美奈子, 編集:はぴふるガール編集部, イラスト:双葉 陽／池田書店）
- 内閣府「一人当たり実質GDPの推移」
  https://www5.cao.go.jp/keizai3/keizaiwp/wp-je96/wp-je96bun-2-1-1z.html
- 「仕事のメンタル不調」と「部下のメンタル不調のフォロー」に関する実態調査
  （Manegy） https://www.manegy.com/news/detail/9993/
- 恋愛・結婚調査2023（リクルート）
  https://www.recruit.co.jp/newsroom/pressrelease/2023/1212_12811.html

Staff List

イラスト（カバー） かしこの猿
イラスト（本文） 髙柳浩太郎
装丁 坂川朱音（朱猫堂）
本文デザイン 坂川朱音＋小木曽杏子（朱猫堂）
写真（著者近影） 佐藤僚馬
DTP G-clef
校正 ぴいた
編集 伊藤甲介（KADOKAWA）

コスメティック田中

1996年生まれ、千葉県出身。千葉大学工学部卒。複数のIT事業に従事する傍ら、YouTubeでソロ活や人間関係についての動画を発信。自身の経験や知見に基づくユニークな独自理論が多くの若者から共感を呼び、チャンネル登録者数は50万人を超える(2025年2月現在)。著書に『群れずに心穏やかに生きる 正しい孤独マインド入門』(KADOKAWA)がある。

残酷《ざんこく》な人間関係《にんげんかんけい》のルール

2025年 3 月 1 日　初版発行

著者／コスメティック田中《たなか》

発行者／山下 直久

発行／株式会社KADOKAWA
〒102-8177　東京都千代田区富士見2-13-3
電話　0570-002-301(ナビダイヤル)

印刷所／大日本印刷株式会社

製本所／大日本印刷株式会社

●お問い合わせ
https://www.kadokawa.co.jp/（「お問い合わせ」へお進みください）
※内容によっては、お答えできない場合があります。
※サポートは日本国内のみとさせていただきます。
※Japanese text only

定価はカバーに表示してあります。

ISBN 978-4-04-607442-3　C0030